12年ダイエットしてない
モデルが教える
1日3分の筋肉ケア

運動しないで
キレイに痩せる

Why Over-Exercising
Prevents Weight Loss

鮎《あゆ》河《かわ》ナオミ
Naomi Ayukawa

CROSSMEDIA PUBLISHING

はじめに

はじめまして「Anti-Aging Salon Aoyama」代表の鮎河ナオミです。

私はモデル業を初めて20年以上経ちますが、90年代はみんながとにかく華奢で細い体型に憧れていた時代でした。

私もそのうちの一人で、当時流行っていたダイエットは全て挑戦したと思います。食べたものをノートに書くだけの「レコーディングダイエット」や「1日1000キロカロリーダイエット」、炭水化物と油を抜くダイエット、りんごのみを食べる「りんごダイエット」、主食がキャベツという時期もありました。いろいろな知識を得た今振り返ると、あの頃の私は、美とは程遠い、偏った食生活をしていたことに気づきます。

痩せるための努力は食事だけではありませんでした。運動もジムに通い、パーソナルトレーナーをつけ加圧トレーニングをしたり、家では毎日腕立て伏せと腹筋。とにかく必死に体型をキープしようとしていましたが、なかなか思うように痩せず悩んでいました。

そんな悩みに終止符がうたれるきっかけになったのが、25歳のときのこと。筋膜リリースのマッサージが痩せるという噂を聞き、試してみたことでした。私の場合は、ハードな筋トレを10年ほど続けていたので、筋肉が硬くこり固まっていて、筋膜と癒着している状態でした。その癒着した筋膜を剥がすマッサージはびっくりするような痛みが生じました。こんな痛みに耐えないといけないなら運動をがんばるほうが楽なんじゃないかと思いましたが、まずは運動を一旦やめ、**マッサージで硬い筋肉を柔らかい筋肉に再生し、痩せる土台を作ることが大切**だと言われ、しばらくマッサージのみで体がどのくらい変わるのか試してみることにしました。

痛みに耐えながら数回施術を繰り返すと、だんだんと硬かった筋肉がほぐれ、痛みを感じなくなり、むしろ気持ちよく感じるようになりました。それは、滞りがなくなった証拠でした。痩せるだけでなく、体が軽くなり、むくみや肩こりが解消され、体調もとてもよくなりました。

それから12年。私は運動せずに筋肉と筋膜をはぐすマッサージのみを続けていますが、以前に比べて太りにくい体質になり、10代、20代の頃よりしっかり食べるようになりました。

「きちんと食べ、必要な栄養をとり、健康的に痩せるとはこういうことか！」と感動したのを覚えています。若い女性は美容ばかり気にして、健康のことはあまり気にしていない人が多いですが、「美＝健康」！

健康で美しい体作りを目的に、本気で痩せたい人や体のお悩みを改善したい方は、ぜひご参考にしていただければと思います。

Chapter 2
筋肉が変わると、体質、体型も変わる

Chapter 3

筋肉をゆるめる7つの痩せスイッチ

Chapter 4
食べすぎも食べないのもダメ！女性らしい体を作る食事

Chapter

1

運動しないほうがキレイになれる

Why You Should Stop Exercising to Lose weight

01

(*Why Over-Exercising Prevents Weight Loss*)

女性は鍛えすぎないほうがいい理由

それほど食べていないのに太りやすい、肌の調子があまりよくない、疲れやすくやる気が出ない……。こういった体の不調はホルモンバランスの乱れが原因かもしれません。女性らしい美しさを支える女性ホルモンとの上手な付き合い方とは？

Is the Gym Hurting Your Hormones?

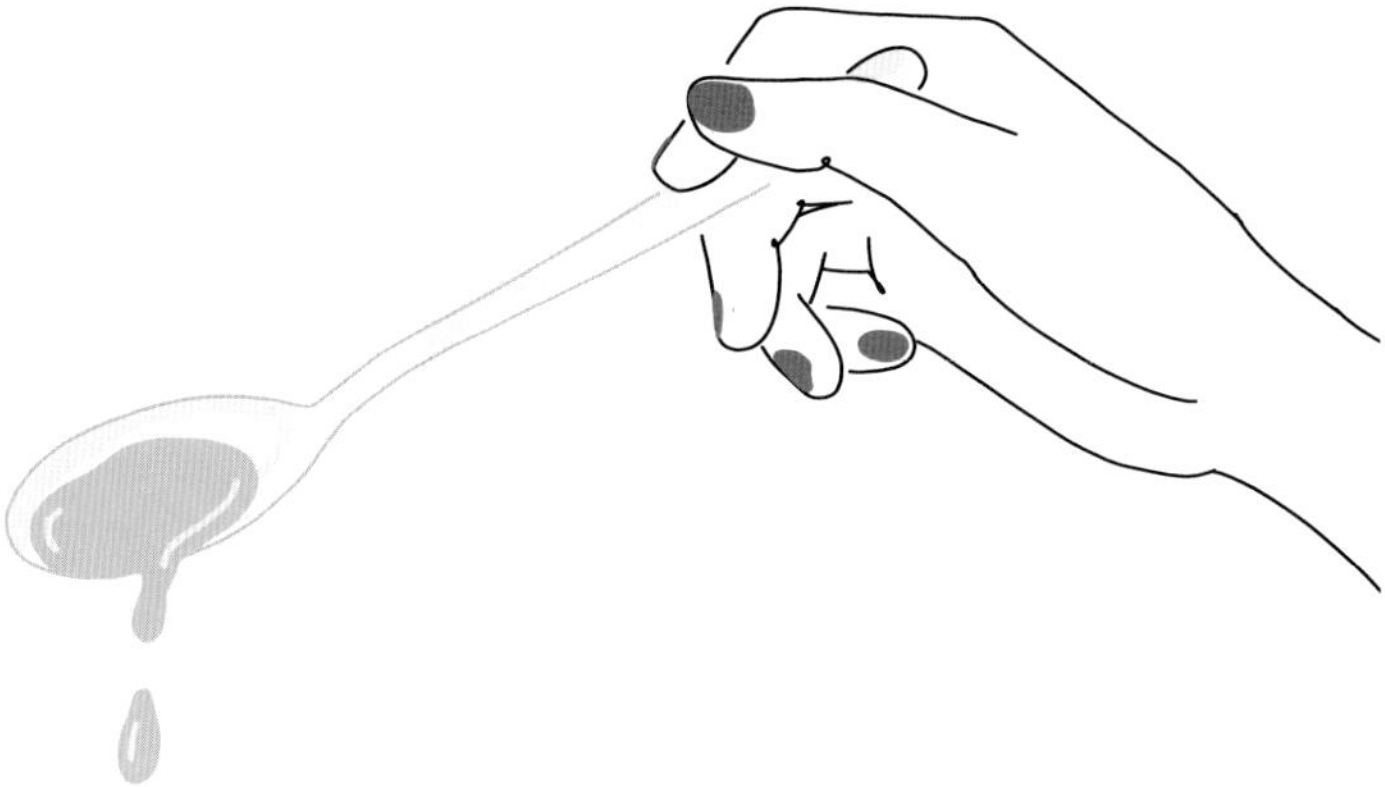

女性が鍛えすぎないほうがいい一番の理由は、女性ホルモンが関係しています。〝生涯の分泌量はティースプーン1杯程度〟と言われる女性ホルモンですが、そのほんの少しの量に、女性の心と体、そして美と健康が宿っています。女性ホルモンの分泌量を正常に保ちホルモンのバランスを整えることで、肌や髪を健やかに保つことができ、女性らしい美しさをキープできるのです。

ところが鍛えすぎてしまうと、ホルモンのバランスが崩れてしまうのです。ハードなトレーニングや運動をしすぎると体への負担がストレスとなります。そして、「ストレス＝生命の危機」と体が思い込んでしまい、生殖器系ホルモンの分泌を止め、代わりに生命維持のためのホルモン分泌を優先するようになります。これは人間が生存していくために必要な仕組みではありますが、結果的に女性ホルモンの分泌は低下してしまいます。

女性アスリートの世界には、「生理が止まるくらいがんばって一人前」という言葉があると聞いたことがありますが、**過度な運動のしすぎで無月経が続くと、女性ホルモンの分泌が低下し、肌の水分量が減り、たるみやシワ、乾燥などのトラブルや、不妊症に結びつく恐れがあります。**他にも骨密度が低くなり、骨粗鬆症になる危険もあります。

私自身、運動と食事制限をしすぎて、21歳のときに生理が止まってしまったことがあります。肌の水分量が減り、湿度の高い夏だったのにもかかわらず、腕をひっかいたときに皮膚に白く爪の跡が残るくらいにカサカサになってしまいました。

このような理由から私は皆さんに「痩せるための運動はやめてください」とお伝えしていますが、40歳からは下半身を鍛えるほんの少しの筋トレをすることをおすすめしています。というのは、40代になり卵巣内の卵胞の数が減少すると女性ホルモンの分泌は急激に低下するからです。筋トレといっても、ダンベルを使うような筋トレではなく、手軽にできる自重トレーニングです。体の中で一番大きい筋肉の太もも、おしりを鍛えると効率的に代謝を上げられ、年齢の出やすい後ろ姿を若々しく保てます。

美しく痩せるために大切なのは、できる限り長く女性ホルモンの分泌を持続すること。女性ホルモンは分泌量を増やすことはできませんが、減少しないように対策することは可能です。大切なのは「増やす」という考えではなく、女性ホルモンが正常に分泌するよう「サポートする」という考え方です。

手軽にできる対策としては、良質な睡眠をとることや、バランスのいい食事をとることです。特に亜麻仁油に含まれているポリフェノールの一種の「リグナン」という成分は、女性ホルモン（エストロゲン）を整えてくれる働きがあります。エストロゲンの血中濃度が高い場合は抑え、低い場合はその働きをサポートしてくれる作用があり、更年期症状やPMSの緩和などが期待できるうえ、肌や髪に潤いを与えてくれます。

02

Why Over-Exercising Prevents Weight Loss

筋肉には良い筋肉と悪い筋肉がある

筋肉は量よりも質が大切です。「筋肉をつける」ことに意識するのではなく、質の良い、しなやかな筋肉に再生することで脂肪が燃えやすくなるだけでなく、むくみや肩こりなど体の不調の解消にもつながります。

It's Not Just About Muscle Mass, It's About Muscle Function and Quality

筋肉には「良い筋肉」と「悪い筋肉」があるということを知っておくことが大切です。

私が基本的に運動をおすすめしない理由は、ランニングや筋トレなどのパワートレーニングは、同じ筋肉ばかりが刺激され、筋肉が太く縮んでしまい、筋肉だけでなく、その周りの筋膜や脂肪、そして結合組織を硬くしてしまうからです。

硬い筋肉は動きが悪く稼働率が低いので代謝が下がります。そして、周囲の血管やリンパの流れを悪くし、体に老廃物をため込む原因になります。ハードな運動が逆に太りやすい体を作ってしまうのはこのためです。

対して柔らかい筋肉は動きが良く、活動量が高いのでぐんぐん脂肪を燃やしてくれます。

そして筋肉の周りの血液やリンパの流れが良くなるので、細胞へきちんと栄養が行き届き、新陳代謝がアップします。皮下脂肪を燃やすためには、強くて太い筋肉よりも、動きの良い細い筋肉をつけて脂肪燃焼効率を上げるのがベストです。

日常生活の中のちょっとした動きでも同じです。

たとえば、水の入ったコップをもち上げる動作一つとっても、腕の筋肉が硬いのと柔らかいのとで比べると、柔らかいほうが稼働率が高いので、より脂肪を燃焼してくれます。

また運動をがんばっている人は「運動したから」という達成感で食べすぎたり、飲みすぎたりしてしまいがちですが、運動で消費されるエネルギーは意外と少ないのです。

たとえば、30分のウオーキングではたった50キロカロリーしか消費されません。歩きながらペットボトルのジュースやスポーツ飲料を飲んだらあっという間にカロリーオーバーしてしまいます。ランニングをがんばったとしても30分で200キロカロリーちょっとしか消費できません。ご飯をおかわりしてしまったらせっかくの消費カロリーが水の泡です。

「運動で筋肉をつければ痩せる」という思い込みは捨てて、痩せるための運動はやめましょう！

運動をがんばるよりも、筋肉を質の良い柔らかい筋肉に生まれ変わらせるほうがダイエットには効果的です。細くしなやかな筋肉に再生するにはマッサージをすることが一番！Chapter3でご紹介するセルフマッサージの力で筋肉の再生を促し、脂肪がぐんぐん燃える体を目指しましょう！

良い筋肉の特徴

- 柔らかく、稼働率が高い
- 脂肪が燃えやすい
- 血液やリンパの流れがよくなり、新陳代謝UP

悪い筋肉の特徴

- 硬く、稼働率が悪い
- 脂肪が燃えにくい
- 血液やリンパの流れが悪くなり、老廃物がたまりやすい

03

Why Over-Exercising Prevents Weight Loss

女子高生とおじいさんの基礎代謝量は同じ!?代謝は年齢とともに落ちません

How to Stay Young and Reduce Your Metabolic Age

代謝とはエネルギーの利用効率です。基礎代謝が高ければとった栄養素をしっかり利用でき、低ければとった栄養素を利用しづらいと言えます。加齢とともに低下すると言われる基礎代謝は果たしてどれほど下がるのでしょうか?

女子高生とおじいさんがほぼ同じ！

基礎代謝の年齢変化

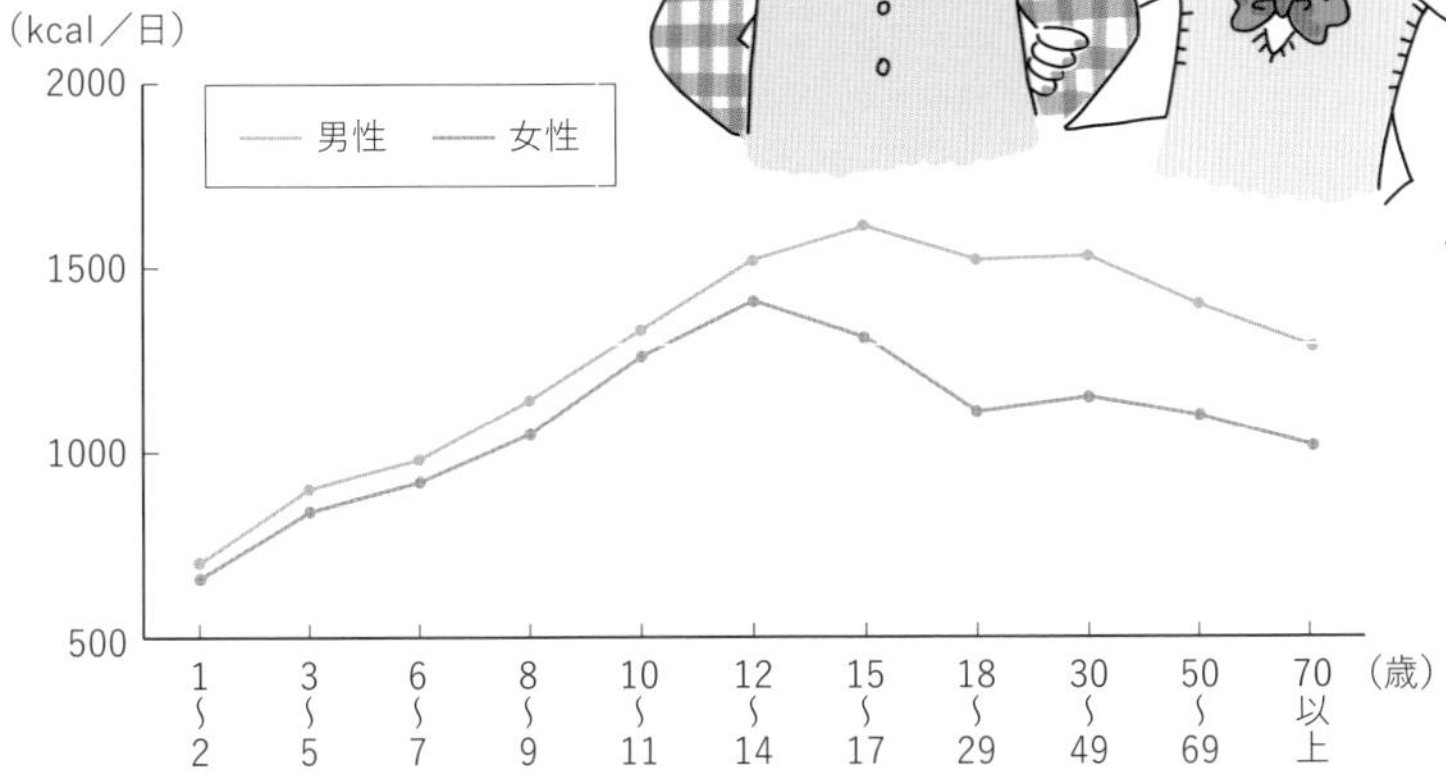

※厚生労働省「日本人の食事摂取基準（2015年版）策定検討会」報告書の参照体重における基礎代謝量表より筆者が作成

基礎代謝とは、1日に何もしなくても消費されるエネルギーのこと。体温の維持、心臓の鼓動や呼吸など、生きているだけで消費されるエネルギーで、私たちが1日に消費するエネルギーのうち、約70％を占めています。

「年をとったから基礎代謝が落ち、太りやすくなった」という話をよく聞きますが、**実は基礎代謝量は年をとってもさほど下がりません。**

基礎代謝のピークは、男女ともに10代です。ピーク後は加齢とともに少しずつ低下していきますが、20代女性が約1110キロカロリーに対して、70歳以上の女性でも1020キロカロリーと、バナナ一本分の変化しかありません。さらに、15歳~17歳の女性と70歳以上の男性の基礎代謝量はほぼ同じです。

老化とともに細胞は衰えていくため、筋肉も放っておけば衰えていきます。でも筋肉は生涯にわたって再生を繰り返していく組織ですから、マッサージでほぐし続けることで質の良い、柔らかくて活動量の高い状態を維持でき、基礎代謝量を高く保つことができます。

また、「筋肉量が増えれば、基礎代謝が上がり、痩せやすい体になる」と思い込んでいる方が多いですが、筋肉をつけて基礎代謝を上げることで痩せようとするのは、はっきり言って非現実的です。少し前までは、基礎代謝の40%を占めるのが筋肉と言われていましたが、最新の研究データによると、基礎代謝で消費されるエネルギーの内訳は、肝臓21%、脳20%、筋肉27%、腎臓8%、心臓9%、その他20%となっています。

つまり、代謝の大部分を占めるのは肝臓や脳、心臓といった内臓ですから、基礎代謝を高めるためには、筋肉を鍛えるよりも、内臓の機能を高めるほうが効果的です。

なかでも特に消費量が多いのは肝臓です。肝機能を高めるのに大切なのは良質なたんぱく質とビタミン（食事についてはChapter4で詳しく紹介します）。そして腸内環境を整えておくことが大切です。腸内環境をよくするには、食物繊維、ビフィズス菌や乳酸菌などを意識してとることと、マッサージで刺激してあげることによって腸が活発になります。

そして肝臓は、皮膚を通して触ることのできる数少ない臓器です。肝臓も腸と一緒に温め、優しくマッサージし、肝臓と腸の血流を高めます。肝臓や腸のマッサージを続けているお客様からは、痩せるだけでなく、便秘が改善した、くすみが取れて肌がキレイになった、というコメントをいただいています。肝臓が元気だと肌の新陳代謝もよくなり、ターンオーバーがスムーズに行われるため、顔色が明るくなります。

最近SNSでは50~80代のファッショニスタ、通称〝インスタグランマ〟が注目を集めています。おしゃれでかっこよく、いくつになっても輝き続ける彼女たちは、見ていてとても元気がでます。彼女たちのように、いつまでもピンとした背筋で、かっこいい年のとり方をするためにも、きちんと筋肉のケアをし、内臓機能を高めておくことが大切です。

04

Why Over-Exercising Prevents Weight Loss

腹筋はくびれづくりに逆効果

おなか周りをスッキリさせたくて、まずはじめに腹筋運動を始める方が多いですが、逆効果になる可能性が……。特に、ウエストラインがくびれた女性らしいメリハリボディを作るには腹筋は絶対ＮＧ。

Why Sit Ups Won't Get You A Flat Stomach

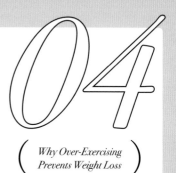

私のサロンに来ていただいているお客様は美意識が高い方が多く、皆さまいろんなケアをされているのですが、おなかを凹ませるために腹筋をがんばっているという方も多くいらっしゃいます。私がそういった方たちに「くびれを作りたいなら腹筋はしないでください」とお伝えすると、皆さんとてもびっくりされます。

理由は腹筋運動で鍛えることができるのは、腹直筋だけだからです。腹筋運動を繰り返し、同じ筋肉ばかりに負担がかかると、筋肉が自身を守るために硬くなります。腹直筋が硬くなると、ひねったり、ねじったりといったしなやかで女性らしい動きができなくなり、くびれのない寸胴なウエストになるだけでなく、縮まったおなかの筋肉に引っ張られて胸の脂肪が引っ張られて下に流れてしまいます。

デスクワークをしているとき、メイクをしているとき、キッチンでお料理をしているときなど、人間は日常生活のなかで前屈みの姿勢になることが多く、その状態のときには背中側の筋肉が伸びきっていて、体の前側の筋肉は縮んでいます。

腹筋運動は、前屈み姿勢のせいで縮んだ腹直筋をさらに縮ませて硬くしてしまうので、血流が悪くなり、老廃物がたまり、おなか周りに脂肪がつきやすくなってしまいます。おなかに老廃物がたまると腸の動きが鈍くなってしまうので、おなかのむくみや便秘の原因に。**毒素をきちんと排出できないので、おなか周りに脂肪として蓄えられてしまいます。**

こういった理由から、私のサロンの看板メニュー「The Cure」のマッサージでは、背中側ではなく、おなかや足の前側、腕の前側など、体の前側を重点的にほぐし、縮んだ筋肉を伸ばしていきます。マッサージの多くは、まずうつ伏せになり、肩や首、肩甲骨の周りからスタートしますが、伸びている筋肉をさらに伸ばすと、一方で縮んでいる筋肉がもっと縮んでしまうことがあります。伸びている筋肉をマッサージしても気持ちがいいだけなので、私のサロンでは気持ちいい箇所はあまりほぐしません（笑）。それよりも**「痛い箇所＝縮んでいる筋肉」を伸ばすことで、正しい姿勢が取れるようになります。おなかがすっと伸びれば、猫背がすっきりし、体のラインもキレイになって、いいことづくめです。**

おなか周りの脂肪を落とすには腹筋は逆効果です。縮んだ筋肉をマッサージでほぐしてあげることで、柔軟な筋肉に生まれ変わり、おなか周りが見違えるほどスッキリします。

Chapter

2

筋肉が変わると、体質、体型も変わる

Improving Muscle Quality Rather Than Muscle Mass Will Shape Up Your Body Faster

01

Why Over-Exercising Prevents Weight Loss

筋膜というボディスーツ

Fascia, The Tissues That Hold You Together

最近疲れやすかったり、肩こりや腰痛に悩まされていませんか？ それは筋膜のよじれが原因かもしれません。筋膜とは、筋肉・内臓の表面に張りめぐらされた全身を覆う繊維状の膜です。通常、筋肉と筋膜の接面は滑らかで、筋肉に合わせて筋膜も動きますが、生活習慣や運動により筋肉が硬くなると、筋肉と筋膜の滑りが悪くなり、筋肉の動きに筋膜がついていけなくなってしまいます。

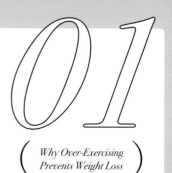

筋膜とは筋肉を包んでいる膜のことで、全身の筋肉をつなげているボディスーツのようなものです。筋膜以外を溶かしてもカラダの形が残るということで「第2の骨格」とも言われています。

筋肉を正しく動かすためには、筋膜が柔軟である必要があります。ですが、筋膜は張りのあるコラーゲンと弾力に富んだ少量のエラスチンという2種類の線維状タンパク質で、網の目のように張りめぐらされた構造をしており、硬くなりやすい性質をもっています。猫背でスマートフォンやパソコンを見たり、椅子に座るとき脚を組んだり、いつも同じ側の肩や腕でバッグを持ったりなど、こうした**悪い姿勢や生活習慣、運動などの同じ動作を長時間続けると、体の一部分に負担が集中して筋肉が固まり、それにともなって膜がよじれてしまいます。**筋膜がよじれると筋膜の下にある筋肉が動きづらくなり、十分な筋力を発揮できなくなります。

そして筋膜は全身がつながっているため、一部分でも不調が生じると連動して他の部分にも影響が出ます。着ている服の端っこを一ヶ所ギュッと引っ張られるだけで動きづらくなるのと同じように、どこか一ヶ所の筋膜が硬くなり伸びなくなると、つながっている部分すべてに連動して影響があらわれます。悪い姿勢や生活習慣などで無理をしている箇所が多ければ、硬くなる範囲も広がります。

たとえば、おしりの筋肉が硬くなると、腰痛や腰のこりがひどくなるのはこのためです。気になる腰の筋肉をほぐして一時的によくなったとしても、原因が解決しない限りまた腰痛が襲ってきます。原因の元である引っ張られているポイントを見つけてほぐしてから、気になる箇所をほぐすことで再び辛い症状になるのを防げます。

皆さん驚かれるのですが、体のマッサージをすると顔がきゅっと上がります。縮んだ箇所を伸ばして筋膜を整えることで、首などのこりで下に引っ張られていた顔の筋肉が元の位置に戻るからです。

こういった**筋膜の軽いよじれやこわばりは日々生じているので、セルフマッサージを習慣にし、ギュッと引っ張られている部分を見つけて解放！**不調の原因をため込まないようにしましょう！

筋膜がよじれている状態

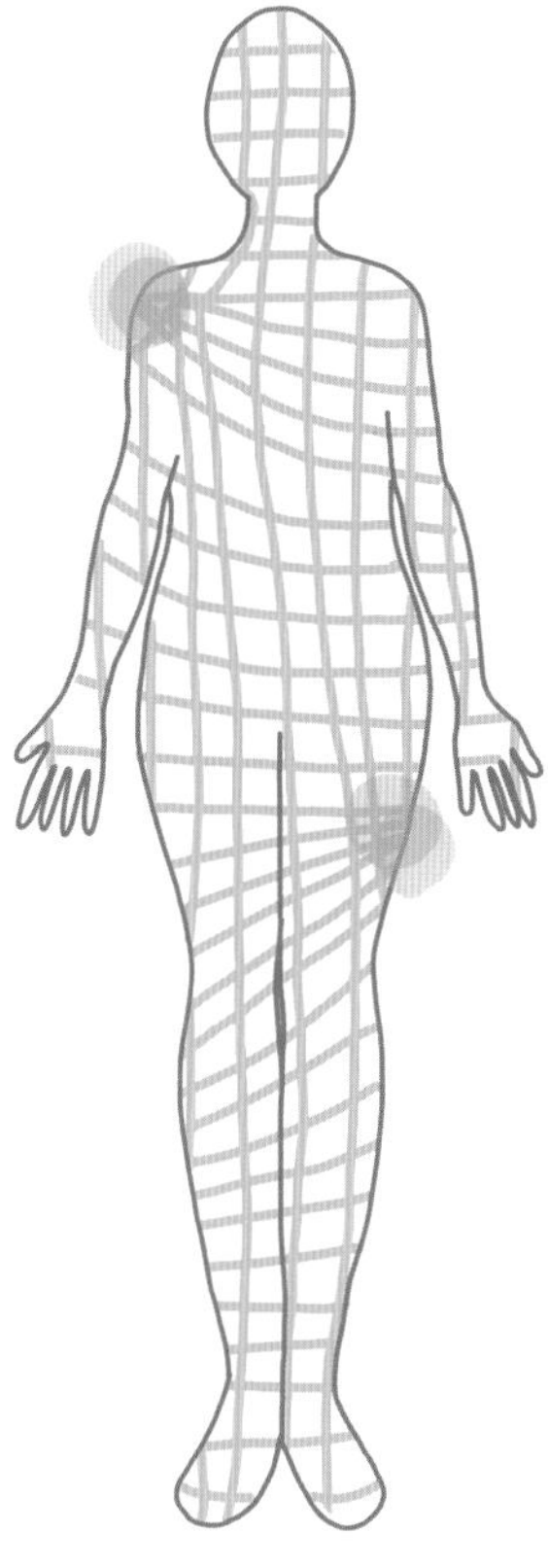

筋膜がよじれると、その下にある筋肉の動きが悪くなるため、血行が悪くなり、代謝が落ちたり、こりの原因になる

筋膜が整っている状態

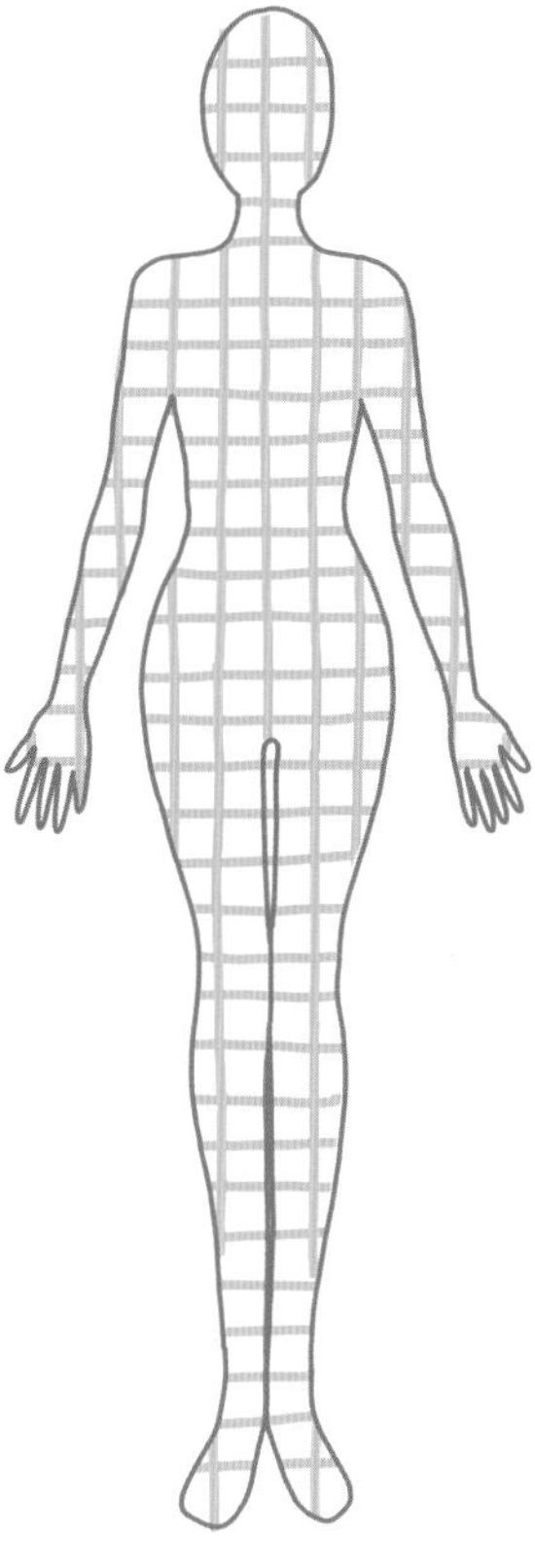

筋膜がキレイな網目に整うと、筋肉が正しく動けるため、血流がよくなり、体の不調が改善する

02

Why Over-Exercising Prevents Weight Loss

毛細血管ケアが美人力を高める

Tips to Improve Your Blood Circulation

髪のパサつきや白髪、肌のたるみ・シワ、目の下のクマ、体の冷え……こういった体の不調は血管が衰えてるサインでもあります。加齢だけでなく、20代、30代の若い世代でも偏った食生活や生活習慣の乱れから血管が劣化してしまい、老化を早める原因になっていることが……。

「見た目年齢＝血管年齢」と言われていますが、まさにその通りです。若々しく、ハリと潤いのある肌の人は血管年齢を調べてみても若く、実年齢よりも老けて見える人は血管年齢も高い傾向にあります。

血管は「動脈」「静脈」「毛細血管」の3つの種類がありますが、実は動脈や静脈などの太い血管は1％に過ぎず、99％を占めるのが毛細血管です。その長さをすべて合わせると、およそ10万㎞、地球2周半分にもなります。

毛細血管は、体のあらゆる臓器や細胞一つひとつに必要な酸素や栄養を届け、二酸化炭素や老廃物を回収しています。また、睡眠中に分泌される「成長ホルモン」、良質な睡眠を促す「メラトニン」などのホルモン、ウイルスや細菌などが体に侵入したときに対抗するための白血球やリンパ球などの免疫物質も運んでくれます。

毛細血管が元気だと免疫力が上がりますし、血流をよくすることで冷えの解消にもつながり、手足の先まで温かくなります。

若さを保つために毛細血管の役割はとても重要ですが、毛細血管は年齢とともに劣化・

減少し、20代と比較すると60代で30％、70代で40％も減ると言われています。周皮細胞という毛細血管にまとわりついている細胞が加齢とともに縮むことで、血管の中身が漏れ出したり、血流が低下し、ゴースト血管（管はあるが血液が流れていない血管）になってしまうのです。この状態が長く続いてしまうと毛細血管はいずれ消えてしまいます。当然その先にある細胞へ酸素や栄養素が届かなくなるうえに、老廃物も回収されず、細胞の機能が低下し、病気になったり、シワやたるみ、白髪といった老化が加速してしまうのです。

こういった話を聞くと怖くなりますが、**毛細血管は自分で増やすことができます！**

毛細血管の再生にはマッサージで血流をよくすることが非常に有効なのです。血行促進に役立つローズマリーやジュニパーベリーなどのアロマオイルを使用すると、さらに効果がアップします。

毛細血管を元気にする食材を摂取するのも効果的です。

シナモンやルイボスティーには毛細血管にあるTie2（タイツー）を活性化させる働きがあります。Tie2が活性化すると、毛細血管にある周皮細胞と内皮細胞の接着が強化される

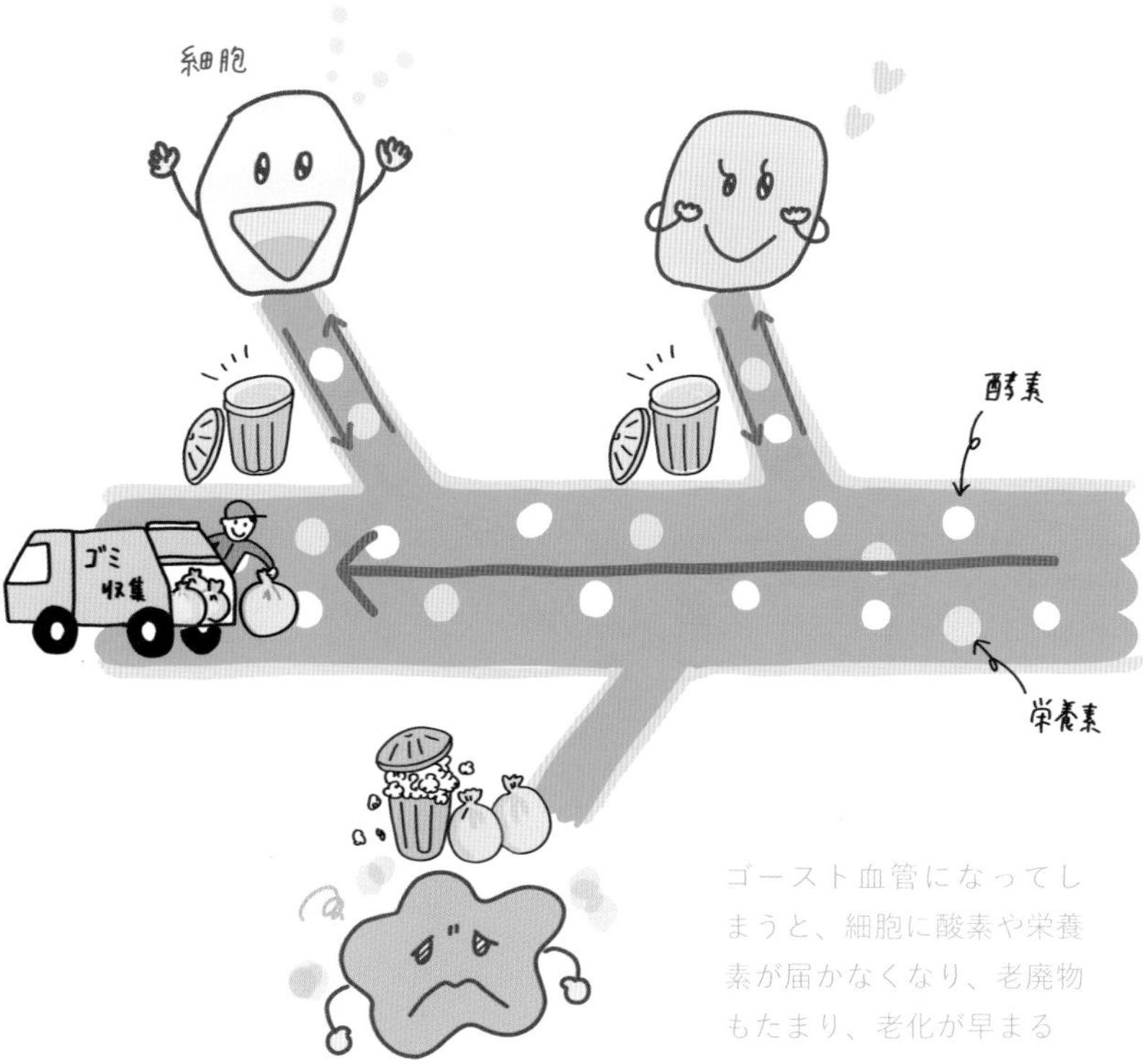

ゴースト血管になってしまうと、細胞に酸素や栄養素が届かなくなり、老廃物もたまり、老化が早まる

ため、血流アップやゴースト化した血管を復活させることができます。

血流が悪化するとすぐに血管はたるんでしまうので、毎日のちょっとしたケアで血行を促進させることを心がけましょう！

03

Why Over-Exercising Prevents Weight Loss

むくみはシグナル！

Swelling Is a Sign

「むくみ」は日常的に起こる現象ですが、むくみを放っておくのは絶対NG。むくみを放っておくと老廃物がたまり、たまった老廃物が筋肉の余計な負担になり、筋肉の動きを妨げます。筋肉の活動量が低下すると、たるみや脂肪をため込む原因に。筋肉の質が悪くなってしまう前にむくみを解消しておきましょう。

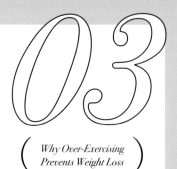

通常の状態

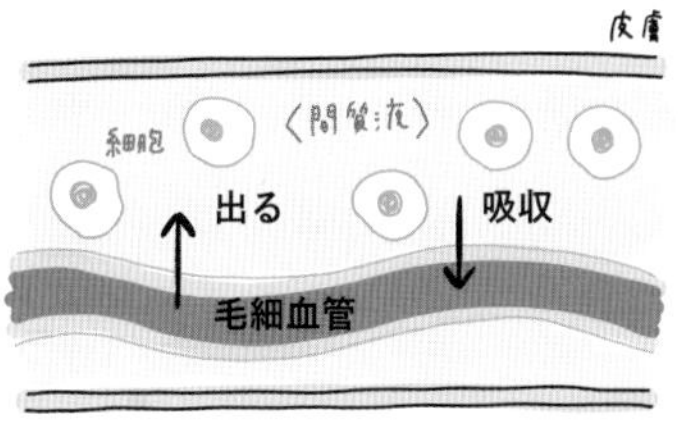

出ていく水分と吸収される水分のバランスがとれている

むくんでいる状態

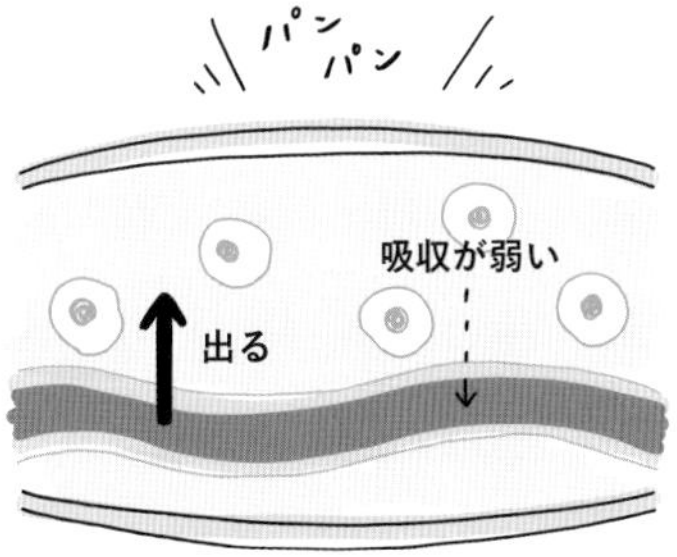

水分の吸収が弱くなり、余分な水分がたまってしまう

人間の体の約60％は水分です。水分の3分の2は細胞内に、3分の1は細胞外にあり、常に細胞や血管などを行き来しながら、血管を通じて体中の細胞に栄養を運び、老廃物を回収しています。

正常であれば血管から出た水分はまた血管で吸収され、基本的には体内の水分バランスは変わることがありません。しかし、このバランスが崩れ、血管の外＝細胞と細胞の間に余分な水分がたまると、むくみとなります。

日常的にむくみが出るという人もいるかもしれませんが、むくみは体が発するシグナルです。むくみを放っておくと、老廃物がた

まり、脂肪細胞に余分なエネルギーが蓄積され、セルライトになりやすい状態を作ります。
むくみがセルライトに発展してしまうと、さらに代謝が低下するという悪循環。つまり、痩せにくい体になってしまうのです。また、むくみは病気の初期症状であることもあるため注意が必要です。ほとんどの場合は血行不良が原因ですが、何日も症状が続いている人は何らかの病気で、心臓、腎臓、肝臓など、むくみを起こしやすい主要な臓器の機能が低下している可能性もあるので、病院で受診されることをおすすめします。

女性に多いむくみの原因の一つは、1日中座りっぱなしのデスクワーク。足の筋肉ポンプの働きが低下し血液の循環が悪くなり、血管に水分が滞留してむくみとしてあらわれます。ちなみに、男性に比べて女性のほうが足がむくみやすい理由は、ふくらはぎの筋肉が発達していないため。また、冷えの影響で血行が悪くなりやすい、パンプスやブーツなどの足を締めつける靴も原因です。

他にも塩分のとりすぎや、お酒の飲みすぎ、睡眠不足もむくみの原因になります。必要以上に塩分をとると、体は塩分の濃度を一定にしようと働き、濃度を薄めるため、水分をため込み、むくみやすくなります。また、アルコール（特にビール）には非常に強い利尿作用があるので、お酒を飲むと頻繁にトイレに行きたくなります。体内に滞った老廃物を排出するためには水分が必要なのですが、利尿作用が高まると、水分不足に陥ってしまい、老廃物が滞留し、むくみやすくなります。

私は朝起きて一番最初にチェックするのが指のむくみです。横になって寝ると、心臓と体の他の部分の高さが一定になるので、起きているときよりも、指に行き渡る血液量と水分量が多くなるので、飲みすぎたり、塩分をとりすぎると、それが指にあらわれるのです。私は友達との食事やお酒を飲むことも大好きですが、翌朝に指がむくんでいると、飲みすぎたな、食べすぎたなと反省。セルフマッサージでむくみを流し、その日の食事は塩分の高いものを控え、早いうちにむくみを解消するようにしています。

大切なのは、セルライト化する前に、むくみの段階でケアをしておくことです！

むくみを手軽に解消するにはマッサージが効果的です。本書で紹介するマッサージをすることで、血液を送り出す筋肉ポンプの働きが活性化し、むくみが解消されます！

04

Why Over-Exercising Prevents Weight Loss

美の天敵！セルライトの解消法

Cellulite Causes, Treatment, and Prevention

体のめぐりが悪くなると、たまった老廃物を脂肪細胞が引き寄せ大きくなり、さらに肥大化した脂肪細胞同士が結びつき、肌の凸凹としてあらわれるセルライト。実は2～3年かけてじっくりと作られます。今は見えていなくても、セルライト予備軍が作られている可能性も……。

むくみを放っておくとセルライトに発展しやすくなるというお話をしましたが、セルライトと体重は関係なく、太っている人でも細身の人でもセルライトはできます。不規則な生活や座りっぱなしなどの生活習慣、新陳代謝の低下などで体内に老廃物がたまると、誰でもセルライトができる可能性があります。

セルライトには大きく分けて4種類あります。

脂肪型セルライト

下腹部からおしり、太ももの付け根にあらわれやすいセルライト。原因としては、カロリーの高い食事などで脂肪がつき、その脂肪が血液やリンパの流れを阻害し、老廃物が脂肪細胞の中に蓄積、膨張することでセルライトができます。

このタイプのセルライトは、食事の見直しとセルフマッサージで流してあげれば改善されることが多いです。しかし、ケアをせずに放っておくと、落としにくい「繊維型セルライト」に成長する可能性があるため、ヘルシーな食事を心がけ、マッサージを継続的にすることによって脂肪型セルライトのうちに流しておくことが重要です。

むくみ型セルライト

このタイプは女性に多く、主な原因は体の冷えです。冷えやむくみによって血行が悪くなり、老廃物や余分な水分を脂肪細胞にため込んでしまい「むくみ型セルライト」となります。座りっぱなしのデスクワークや立ち仕事をしていて、足がむくみやすい人がなる場合が多いセルライトです。

むくみ型だけではなく、むくみ型と脂肪型の混合型の方も多くいらっしゃいます。対処法としては、お風呂に浸かって体を温め、むくみや冷えのある部分をマッサージするのが一番効果的です。

繊維型セルライト

脂肪細胞の周りにコラーゲン繊維が沈着し固まってしまい、肌の表面が凸凹になるのが

「繊維型セルライト」。凸凹した見た目がオレンジの皮に似ていることから英語では「オレンジピールスキン」とも呼ばれています。

このタイプは、脂肪型セルライトを長期間放置したため悪化してしまい、簡単に流れないセルライトです。

このセルライトを解消するには、食事を見直すとともに、専門のエステサロンに通うか、セルライト除去用の美容器具を使うのがベストです。ボコボコした肌は目立つので、さらに症状が悪化する前に除去しておきましょう！

筋肉型セルライト

学生時代に激しいスポーツをしていた人や、ジムでハードなトレーニングをしていた人などが運動をやめてから急激に筋力が低下し、筋肉が脂肪に変わる際に作られるセルライトです。

このタイプが4種類の中で一番除去が難しく、珍しいセルライトです。

対処法としては、専門のエステサロンに通いつつ、体をなるべく冷やさないようにし、美容器具で除去するのがおすすめです。

セルライト除去に役立つマシーンとして有名なのはエンダモロジーですが、私のサロンでは、セルライトを除去するために「ブラッシングカッター」と「サクションカッター」という機械を使用しております。ブラッシングカッターで体の内側を温めながら、突起のついたハンドピースで肥大化したセルライト構造を崩し、流して整えてから、「サクションカッター」という機械で脂肪を吸引しながら揉みほぐします。セルライトだけではなく、肌も滑らかに整える効果があります。

そして、フランス製の「ウィンバック」という機械もとても効果的です。こちらの機械は痛みがまったくないので、痛いのが苦手な方にはおすすめです。温熱効果による血流増進と心地よい深部加温は副交感神経を優位にして血管を拡張させます。また、細胞の代謝を上げる効果が高く、セルライトの解消と、脂肪が燃えやすい体へと体質改善してくれます。

美の天敵 セルライト!

Cellulite

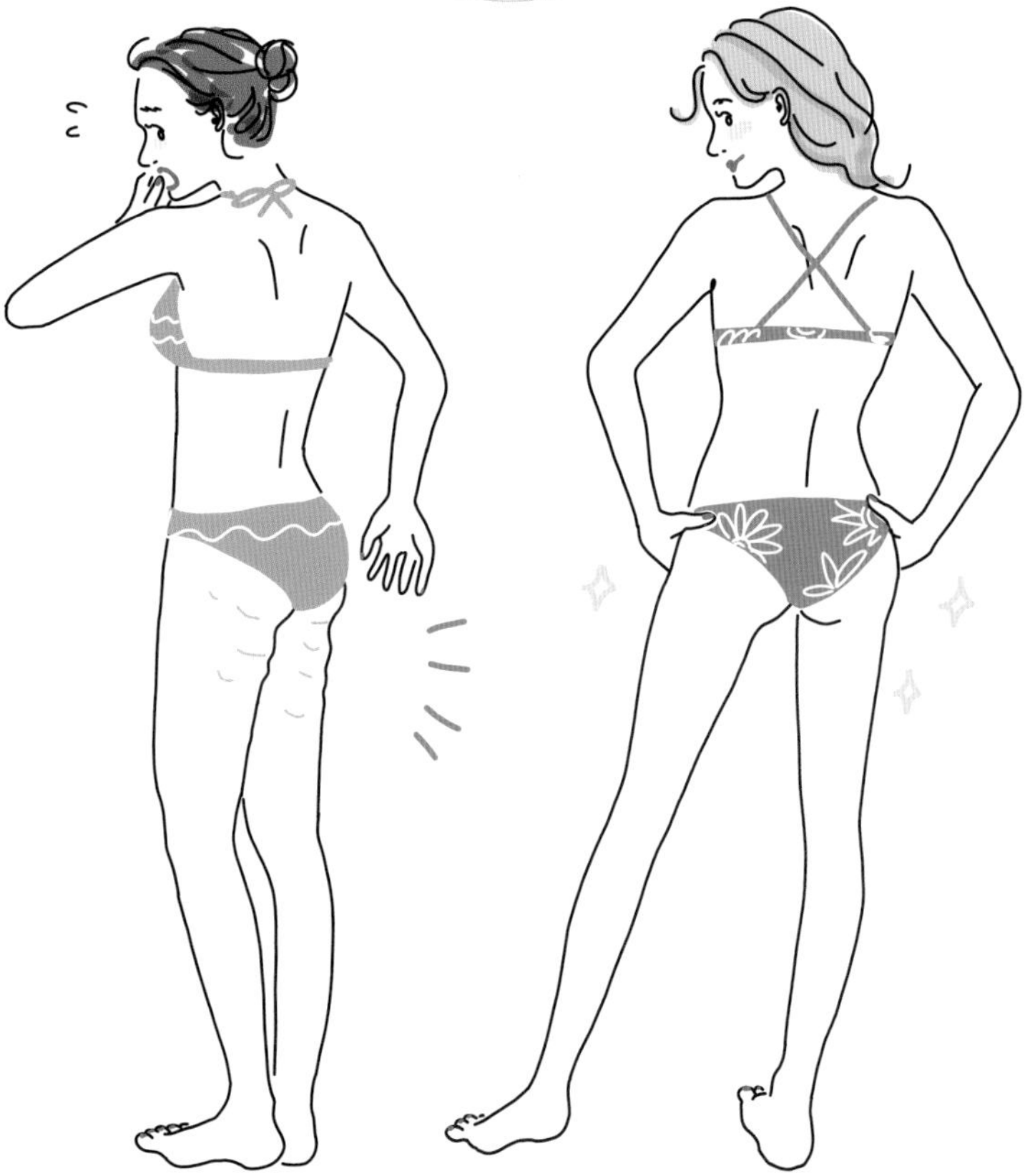

繊維型セルライトになる前に早めに撃退しよう!

05

Why Over-Exercising Prevents Weight Loss

筋肉のターンオーバー

A Cycle Called Turnover

肌と同じく、筋肉にもターンオーバーがあります。古い筋肉細胞の死滅と新しい筋肉細胞の誕生が、毎日少しずつ行われており、新しく生まれた筋肉を質の良い筋肉にしておくことが若々しさを保つ秘訣です。逆に、ターンオーバーの遅れは老化を促進し、年齢よりも老けた印象に……。

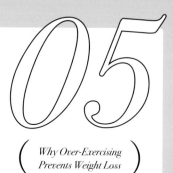

肌の新陳代謝、肌が生まれ変わることを「肌のターンオーバー」とよく言いますが、実は筋肉にも「筋肉のターンオーバー」があります。

私たちの体は60兆個の小さな小さな「細胞」が集まってできています。一つひとつの細胞が呼吸をしながら栄養分を分解し、生命活動に必要なエネルギーを生みだしているのです。

これらの細胞は日々少しずつ生まれ変わっており、1日で約1兆個もの細胞を入れ替えると言われています。元気な細胞は細胞分裂をして増えていき、古い細胞と交代。これを「新陳代謝」と言います。このサイクルが毎日スムーズに行われることが美容と健康につながるのです。

細胞の更新速度は臓器や組織によって異なります。お肌の周期は約28日、胃腸は約40日、血液は100~120日、筋肉は2~3ヶ月、そして骨は成長期で約2年、成人でも約3年で全身の骨が生まれ変わると言われています。

しかし、細胞が入れ替わるスピードには個人差があります。それが見た目にあらわれる

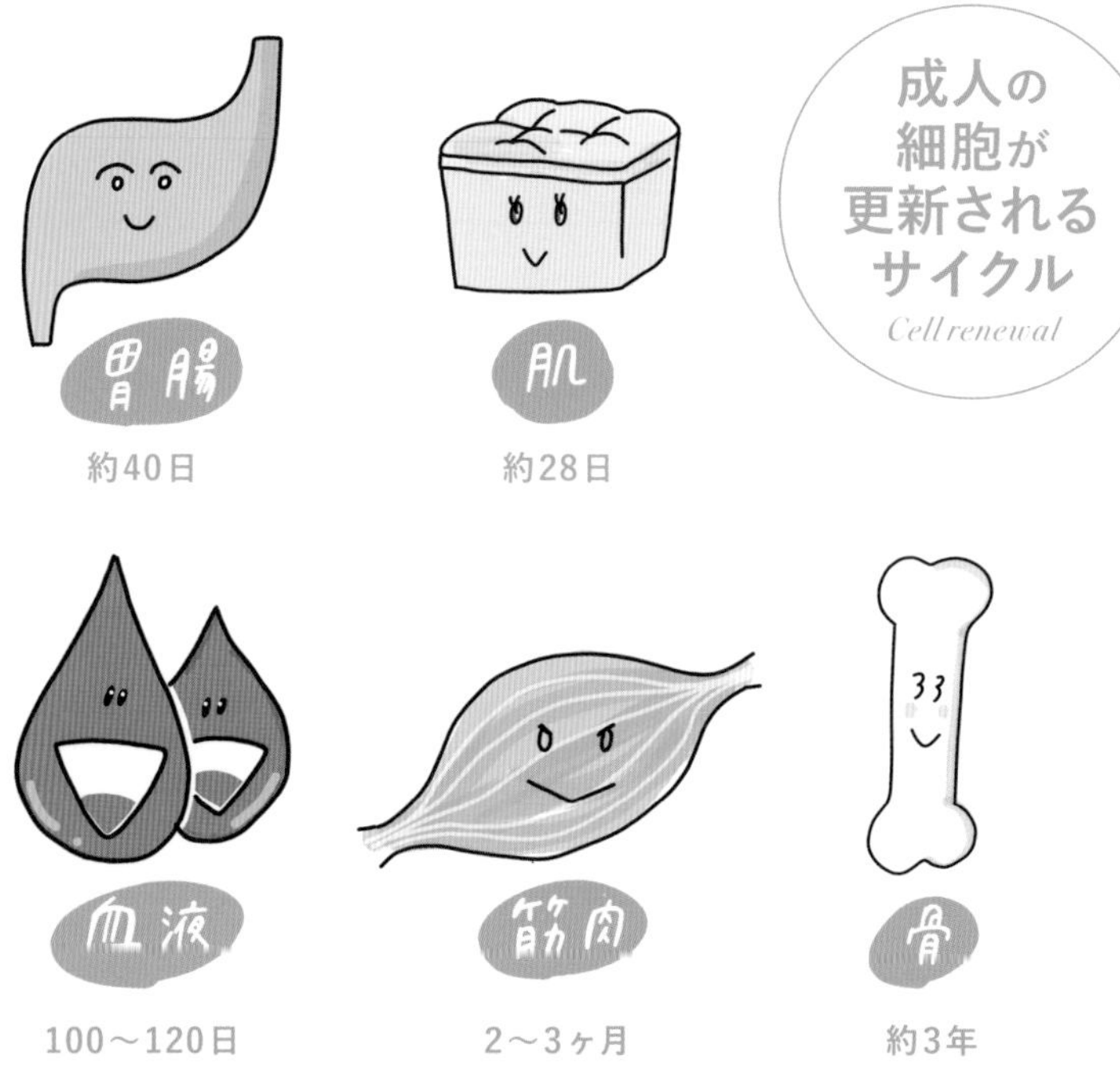

のです。
　たとえば、同窓会に行ったとき、同じ年齢なのに老けて見える人と、若々しく見える人がいますよね。若々しく見える人は体内のコンディションがいい証拠です。細胞が元気なのでターンオーバーがスムーズに行われており、それによって肌や髪に潤いがあり、見た目が若々しいのです。

細胞の生まれ変わり「タ

ーンオーバー」をスムーズにするためには、実はマッサージがとても効果的！

マッサージをすることによって、血流やリンパの流れがよくなり、新陳代謝がアップ。ターンオーバーを促します。

そしてマッサージで筋肉を柔らかく再生し、継続的にマッサージをすることによって、新しく生まれた筋肉が柔軟に動ける環境をキープできれば、自然と体が柔軟性を取り戻し、基礎代謝の高い痩せ体質を手に入れることができます。

しかし、周りの筋肉が硬くこり固まっていると、新しく生まれた筋肉も柔軟に動くことができないので、周りと同様に硬くなっていってしまいます。

筋肉が生まれ変わる周期と同じ期間マッサージを続けることによって、筋肉が生まれ変わっているのをより実感できると思います。

06

Why Over-Exercising Prevents Weight Loss

O脚やX脚も筋肉をほぐせばスラリ脚に変わる

日常生活の姿勢と筋肉の使い方に問題があると、脚が歪んでしまいます。マッサージでほぐすことで、筋肉が無理のない状態に整い、脚の見た目がまっすぐになり、足長効果も！骨格は100%生まれつきのものだと諦めないで。美脚になればファッションの楽しみも広がります！

How to Get Longer and Leaner Looking Legs

O脚やX脚に悩んでいる方はとても多いですが、「生まれつきだし、脚のゆがみは治らない」と諦めていませんか？

実は、ほかの体の部分と同様に、**脚のゆがみは日々の体の使い方の癖で作られていることが多いのです。**

前項で、新陳代謝について触れましたが、骨も毎日少しずつ生まれ変わっています。骨の破壊と形成を「骨のターンオーバー」または「骨のリモデリング」と言います。リモデリングが絶えず続けられることで、1年間に20〜30％の骨が新しい骨に生まれ変わっています。そして、この**新しく生まれた骨の太さや形は、筋肉によって影響されます。**

たとえば、同じ動作を繰り返す運動や、悪い生活習慣で筋肉が硬くなると、その筋肉に付随した骨が引っ張られます。硬くなった筋肉によって筋膜もよじれ硬くなり、さらに骨を引っ張る力が増すので、骨は折れないように密度を増やし、引っ張られるほうへと歪み、太くなります。

立ち方や歩き方の癖で、ふくらはぎの外側の筋肉が硬くなれば、脚の骨を外側に引っ張るのでO脚が悪化し、普段から猫背気味だと殿筋群（おしりの筋肉）の筋力が低下し、反り腰になることでX脚が悪化します。そしてO脚やX脚は、見た目だけの問題ではなく、放っておくとひざの痛みの原因になることもあるので予防したいところです。

脚を細くしようとして筋トレをがんばっている方もいらっしゃいますが、鍛えられた筋肉が太く硬くなり、逆に足が太く見えてしまっている方もいます。

O脚の場合は、ふくらはぎの外側の筋肉が硬くなっているので、マッサージで改善するには、ひざ裏、そしてふくらはぎを重点的にマッサージするのがおすすめです。筋肉が柔らかくなり、無理のない状態に整っていきます。そしてX脚の方は、太ももの内側の筋肉とそけい部（脚の付け根）を重点的にほぐしましょう。足の付け根の位置を整えることでまっすぐな脚を作ります。さらにおしりのマッサージも加えると、おしりがキュッと上がり、足長効果も期待できます。

マッサージで筋肉と筋膜を柔らかくし、筋肉を無理のない状態に整えれば、骨は正常な形になり、本来のあなたの美しい骨格をキープできます。

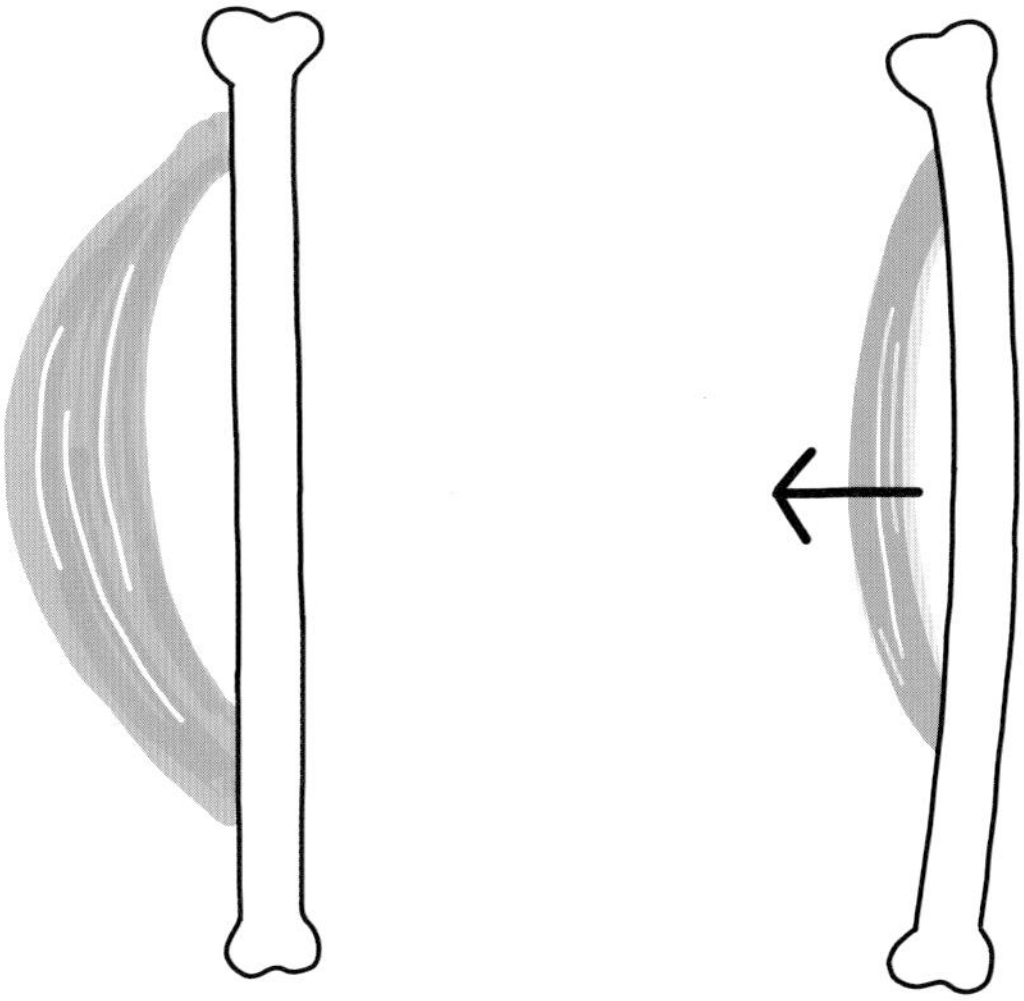

筋肉が柔らかいと
本来の骨格をキープできる

硬い筋肉に骨が引っ張られて
骨が反ってしまう

脚だけではなく、顔の筋肉も同じです。歯ぎしりや、食いしばる癖のある人はエラにある筋肉「咬筋」が硬く張り出し、それによって顔の形が変わっていきます。特に筋トレをしている方は、腹筋やダンベルでの筋力トレーニングで力をいれるときにくいしばるので、咬筋が張っている方が多くいらっしゃいます。ボディービルダーの方を想像すると、だいたい皆さんエラがはっています。**骨格だから仕方ないと諦めず、咬筋をマッサージしてほぐしておくことが大切です。**顔のこりがほぐれると、エラの張りがとれ、小顔になります。

07

Why Over-Exercising Prevents Weight Loss

おなか周りの脂肪を増やすストレスホルモン

How Stress Affects Your Beauty

ストレス太りは本当です！ 日常生活でストレスを感じることは多いですが、意外と重視されていないのがストレスケア。ストレスと上手に付き合うことによってダイエットの成功率が上がります。

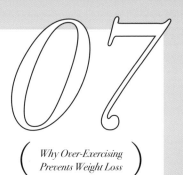

心にも美容にもダメージを与えてしまうストレスは、ダイエットにとっても、もっともよくないことと言っても過言ではありません。

皆さんは「コルチゾール」というホルモンをご存知でしょうか？

コルチゾールの分泌は、朝もっとも高く、夜には低くなり、一日の活動リズムを整えてくれる作用があります。また、体脂肪をエネルギーとして燃えやすくすると同時に血糖値を安定させてくれる、健康面で大いに活躍してくれるホルモンです。

一方で、コルチゾールは、ストレスを受けたときに脳からの分泌が増えることから「ストレスホルモン」と呼ばれる一面も持ち合わせています。過剰なストレスを感じると、そのストレスと戦うためにコルチゾールが過剰に分泌されます。そうなると、活動リズムが崩れるとともに、体は食糧が不足していると思い込み、その状態を乗り越えるため、なるべくたくさんの栄養を蓄えようとする「ため込む体」になるのです。

また、コルチゾール値が高いと、幸せホルモンと呼ばれている「セロトニン」の分泌が減少します。セロトニンは食欲を抑える働きがある脳内ホルモンですが、分泌が低下する

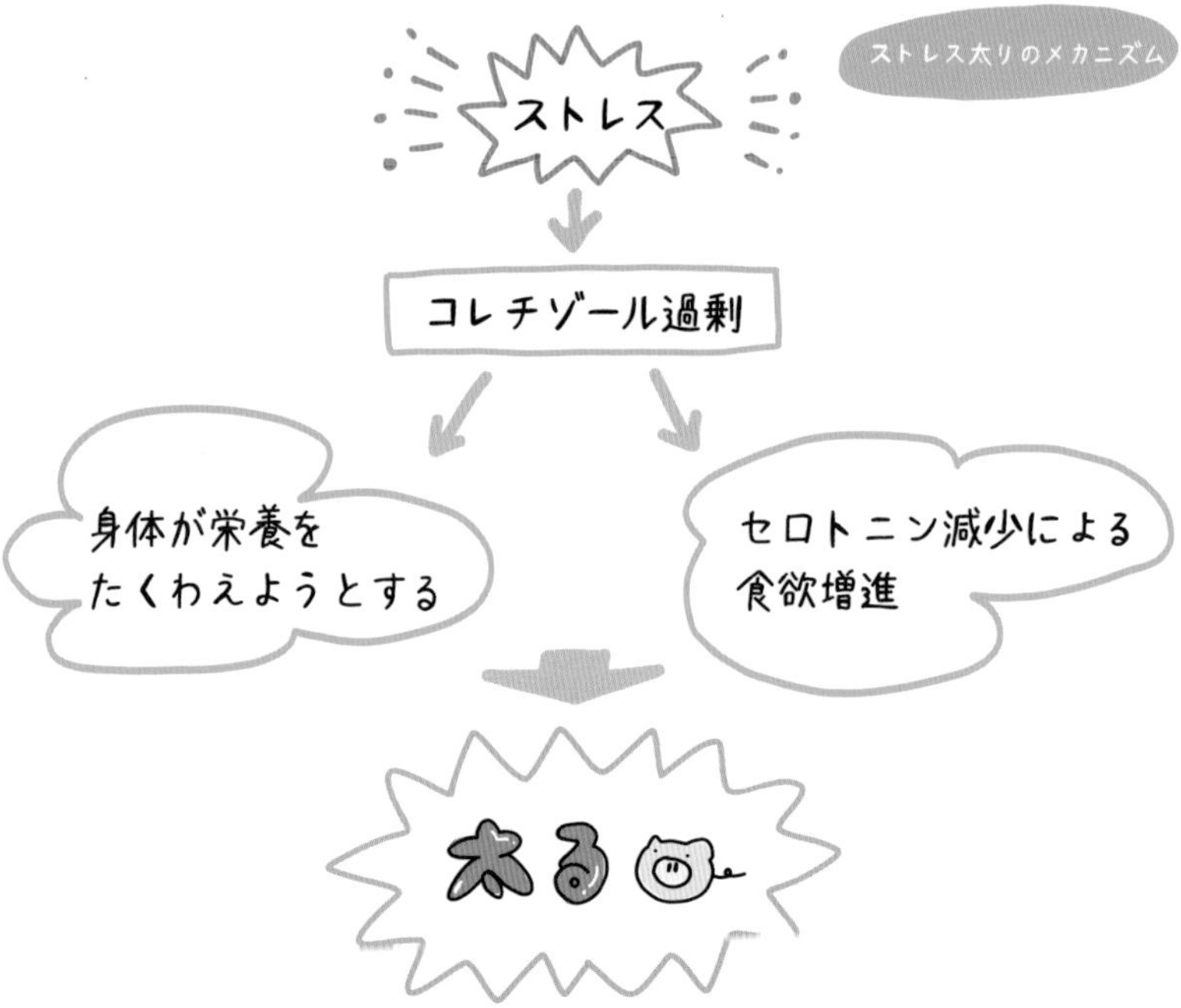

ことによって食欲が増進。さらにストレス状態が続くと、脳は疲弊しないようにどんどんブドウ糖を欲しがるようになります。ストレスで甘いものが食べたくなったり、ドカ食いしてしまうのはこのためです。

日々の生活でストレスをなるべくため込まないことが重要です。ストレスを忘れられる環境を作り、自分が心地よいことをするのが心の疲れをケアする一番の方法です。本が好きな人なら本を読んだり、映画好きの人ならお家でゆっくり映画鑑賞をしたり、お風呂にゆっくり浸かる時間を作るのもいいと思います。

また、マッサージは体の疲れだけでなく、ストレスを緩和する効果もあります。心も体もリラックスすることによって体を休める副交感神経が優位になり、イライラや不安を和らげてくれます。心のリラックスには香りを活用するのも効果的なので、ラベンダーやゼラニウムなどの香りでリラックス効果のあるアロママッサージもおすすめです。

ストレスは必ずしも悪者というわけではなく、適度にあるのが理想的です。適度なストレスは集中力を高め、活力を生み出します。ストレス研究でノーベル賞を受賞したハンス・セリエ博士が「ストレスは人生のスパイスである」と述べており、とてもいい言葉だなと感動しました。人生を楽しくさせるスパイシーな調味料のようなものです。

ストレスを上手に発散し、うまく付き合っていくことができるようになれば、気持ちも前向きになれますし、ダイエットの成功率もぐんと上がります。

08

Why Over-Exercising Prevents Weight Loss

体重は気にしない！鏡で美のマインドセットをつくる

The Look in the Mirror Diet

ダイエットを始めると、体重を気にしすぎてしまうことがありますが、「あの人は48キロだから美しい」など体重で美しさを判断する人はいません。体重を計ることよりも、毎日必ず続けてほしいことは全身鏡で自分の体をチェックすること。とっても簡単なことですが、これだけで理想の体に近づく効果があります。

ダイエットで体重を気にする女性は多いと思いますが、気にしすぎるのはよくありません。食事制限をしても体重が永久に右肩下がりで順調に減ることはなく、増えたり減ったりを繰り返しながら、徐々に減っていきます。毎日の増減に一喜一憂せず、体重変動をグラフにしたとき、全体的に下がっていれば、ダイエットは成功していると言えます。

体重は目安として測る程度ならいいですが、理想の体型に近づくためには、体重よりも、周りの人にどう見られているのか？ と自分を客観視してみることが重要です。

私は自分の体がどう変わったか意識するために、毎朝、なるべく体のラインが見えるように裸か下着姿で、立っている姿だけでなく、後ろ姿や座った姿などを全身鏡でチェックします。鏡の中の自分の写真を撮って、どう変わっているのかを見比べるのもとてもいいです。大切なのは、ナルシストになって、いろんな角度で見ること！ 意識しないと見ることのない自分の後ろ姿や、座っている姿など、くまなくチェックすることによって落としたい贅肉に気づいたり、自慢できるパーツを発見したりできます。

「鏡ダイエット」「ミラーダイエット」とも言いますが、**鏡を見る習慣は美意識を高めると**

ともに、体重だけではわからない、ちょっとした変化にも気づけるようになります。たとえば、その日の顔色、体のコンディション、顔や体のむくみ、太ってきた部分や痩せてきた部分など……。悪い変化にもすぐに気づけて早めに対応できますし、良い変化だったらもっとがんばろうってなりますよね！　自分の理想を想像しながら、落としたい部分を鏡の前でマッサージするのもとても効果があります。

鏡を通して自分自身を客観視することで、脳に「痩せる必要がある！」と思い込ませ、美のマインドセットを作るのです。美のマインドセットに切り替わると、苦しいと感じることなく、自然とダイエットもがんばれるようになります。

また、鏡を見ることは、心理学的に自信を回復させる効果があり、思い通りに動く鏡の中の自分を見ることによって自己肯定感が生まれます。

変動しやすい体重を気にするよりも、体重だけではわからない、小さな体の変化を自分の目で確かめ、どうすれば理想に近づけるか？　とイメージしてください。

09

Why Over-Exercising Prevents Weight Loss

痩せたいところをケアして部分痩せ

Spot Reduction - Is it Really Possible?

二重あごやたるんだ二の腕、ぽっこりとしたおなか、筋肉太りしてしまった太ももなど、女性の悩みは尽きません。とっても難しそうな部分痩せですが、マッサージで気になる部分の代謝を上げれば部分痩せも可能です。

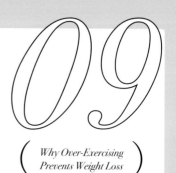

「二の腕のたるみをなくしたい！」「太ももをほっそりさせたい！」「くびれを作りたい！」などの部分痩せを期待してダイエットに励む方はとっても多く、私のサロンでも部分痩せコースは人気があります。

通常、ダイエットを始めるとまず脂肪の多い部分から痩せていきます。気になる部分を細くしたいのに、同じ脂肪だけど落としたくない胸やデコルテから落ちていき、気になる部分の脂肪には変化なし……というのは多くの方が経験していると思います。

原因は気になる部分の筋肉が硬くなっていること。硬くなった筋肉の周りの脂肪が燃焼しにくくなっていて、血行とリンパの流れが悪く、たるみやむくみの原因にもなっています。痩せたい部分の筋肉やむくんだ箇所だけをしっかりほぐせば部分痩せは可能です。

マッサージを習慣化し、滞りやすい場所をほぐし続ければ筋肉が柔らかくなり、滞りもなくなり、老廃物を排出できる体になるので、脂肪がつきにくい痩せ体質に！　欲しい部分は残して、痩せたい部分は引き締める。そんな夢みたいなこともマッサージなら実現できるのです。次章ではいよいよマッサージの方法をお伝えします。

Chapter

3

筋肉をゆるめる
7つの痩せスイッチ

— Massage Your Way Into a Better Body —
7 Pressure Points to Boost Your Metabolism

部分痩せが可能なマッサージで理想の体型に♡

マッサージの効果をより早く出すためには1日3分でもいいので、サボらずに毎日行うことです。その日のこりはその日のうちにほぐしておくことが大切！ 毎日行うことで、筋肉の緊張がゆるみやすくなり、質の良い筋肉に生まれ変わっていきます。サボってしまうとこりがたまり、疲れやすくなるだけでなく、筋肉が硬くなり、太りやすくなってしまいます。体には、私が**「7つの痩せスイッチ」**と呼ぶ重要なポイントがあります！

この痩せスイッチには、いくつもの筋肉の「始点」や「終点」、そして神経や太い血管、リンパ節が集まっており（リンパ節は、リンパ管の合流地点です）、このポイントを押すことで、一度にたくさんの筋肉をゆるめることができます。

スタイルアップに役立つ痩せスイッチは、「あご下」「鎖骨」「わきの下」「横隔膜」「おしりのえくぼ」「足の付け根（そけい部）」「ひざ裏」の7箇所にあります。

この7箇所のスイッチを押すことで硬くなった筋肉がゆるみ、血流がよくなります。これだけでも十分効果はありますが、「押す」以外に、「流す」そして「つまむ」というセルフマッサージをすることでさらに効果がでます。

筋肉に沿ってギューと圧力を加えながら「流す」ことでより強く筋肉を刺激します。そしてセルライトがある方にとっておすすめなマッサージは、脂肪を手のひらや指で「つまむ」ことです。皮下脂肪、そして筋肉ごとつまむことで肌が柔らかく滑らかになります。

マッサージ方法のページでは、合わせて部分痩せマッサージも紹介しています。やり方には回数を書いていますが、あくまでも目安なので、むくんでいると感じたら気持ち長めに行うなど、その日の体調、コンディションに合わせて、行ってくださいね。そして、セルフマッサージのコツを覚えたら、自己流でもかまいませんし、セルフマッサージ用の美容機器を使用するのも◎。大切なのは毎日行うことです。

筋肉をゆるめる7つの痩せスイッチ

7 switches to lose weight

4

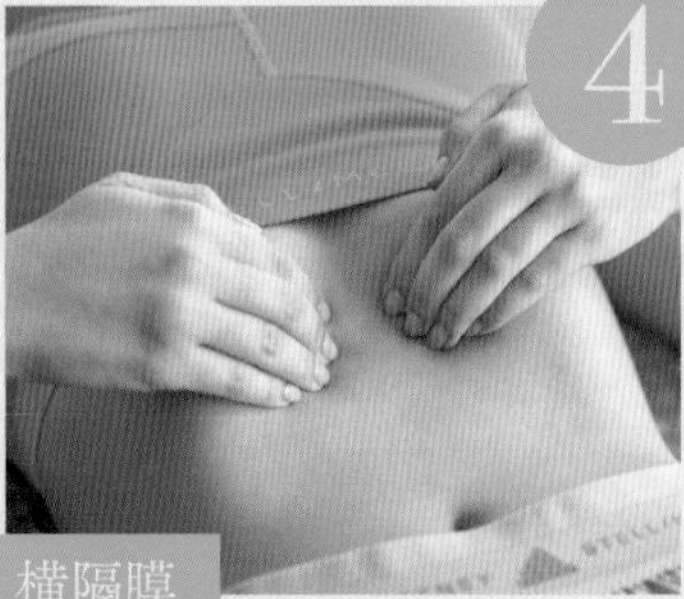

横隔膜

5

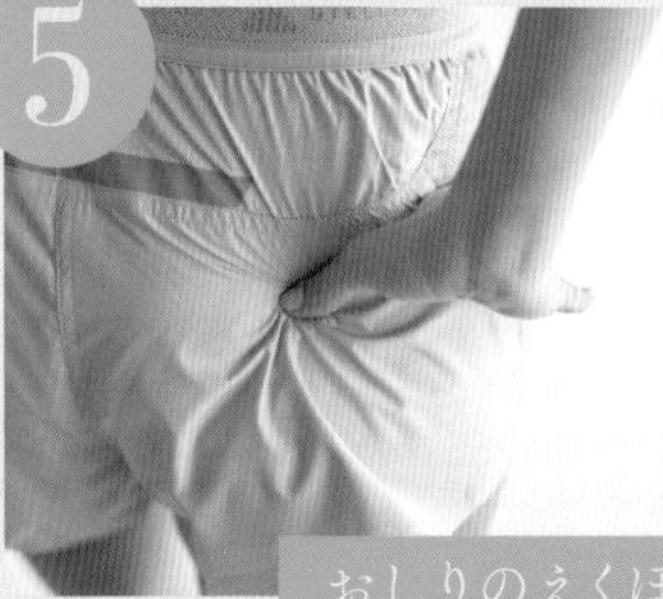

おしりのえくぼ

1

あご下

6

足の付け根

2

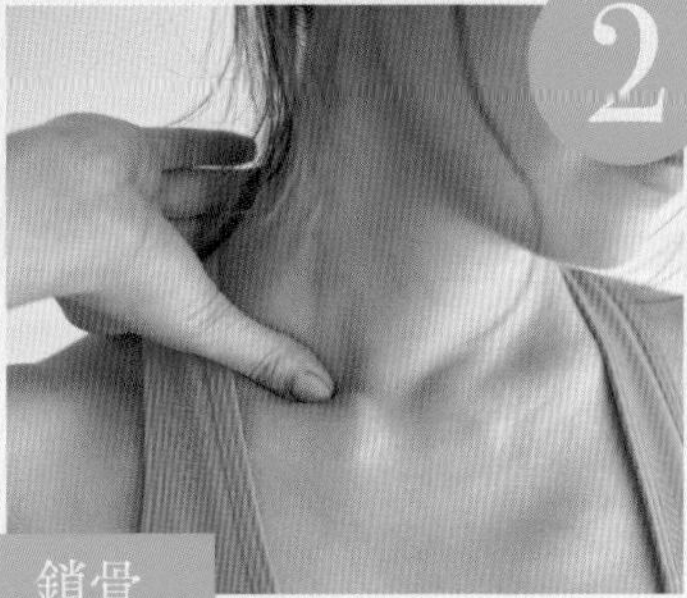

鎖骨

7

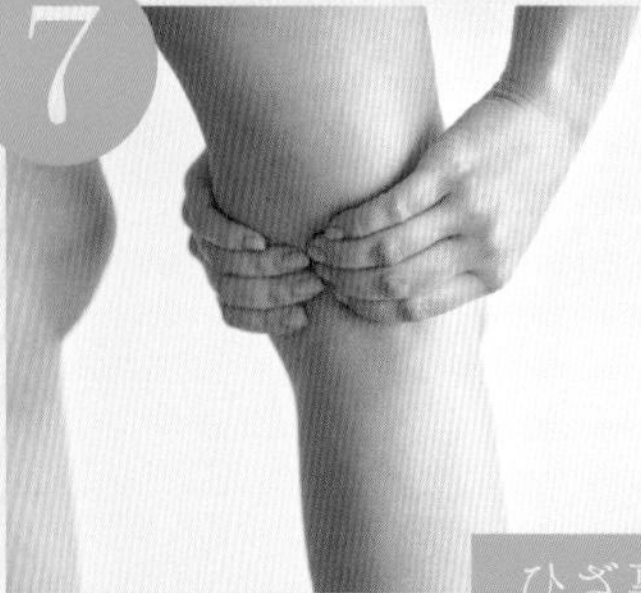

ひざ裏

3

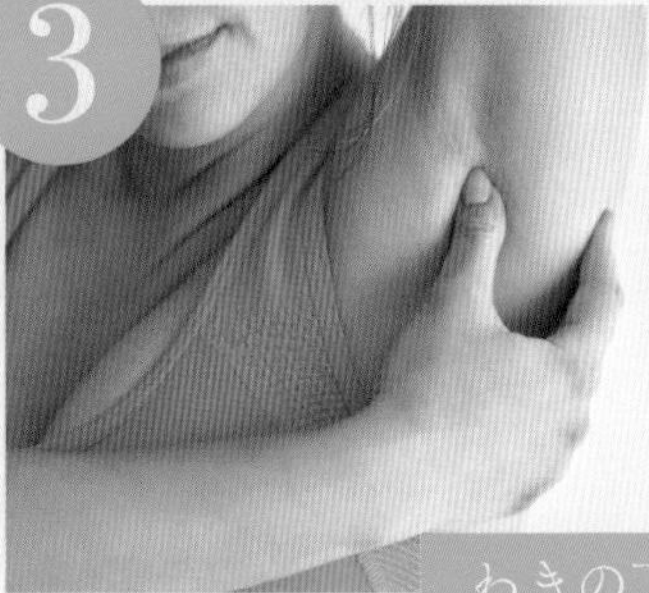

わきの下

マッサージをする前に！

より早く、質の良い筋肉に生まれ変わらせるためにしてほしい5つのこと。

1 体を温めてから行う

マッサージを始める前に体を温めておきましょう！ 体が温まっていると筋肉やセルライトがゆるむので、より深部までマッサージでき、効果がアップします！ 手軽に体を温めるにはお風呂！ 入浴中、入浴後でも◎。好きな香りの入浴剤やアロマオイルを入れるとよりリラックスして緊張がほぐれます。

2 オイルやクリームを使おう

入浴後に行う場合は、ボディオイルやクリームを使って滑りやすくしましょう。特に皮膚が薄い顔のマッサージは、顔用のオイルやクリームで肌の滑りをよくし、痛いと感じた場合には無理をせず、肌のコンディションを見ながら行ってください。

3 痛気持ちいいくらいの強さで

気持ちいい強さでは、リンパや血流はよくなるものの、効果は持続しません。痛みを感じるくらいの強さでマッサージをすることで筋肉や筋膜がゆるみ、深部を刺激し、筋肉内にたまった脂肪を除去し、痩せやすい体質へと変わります。

4 呼吸とともに

マッサージで押すときには息を吐きながら行うようにしましょう。意識してほしいことは呼吸を止めずにマッサージをすること！ 呼吸を止めてしまうと、筋肉が緊張して硬くなってしまうため、ほぐしにくくなってしまいます。

5 毎日少しずつでも行う

3分でもいいので毎日行うことによって結果が早く出ます！ 日々の生活習慣で筋肉が硬くなったり、老廃物は毎日体にたまるので、その日のむくみやこりはその日のうちにほぐしておくこと！

1 ただ細いだけじゃない！ メリハリボディは くびれから

手首や足首、ウエストなど、くびれるべきパーツが
くびれていないと寸胴体型に見えてしまいます。
キュッとくびれたウエストを作って、女性らしい曲線美を手に入れましょう！

マッサージ方法
「押す」
Press
グッ！

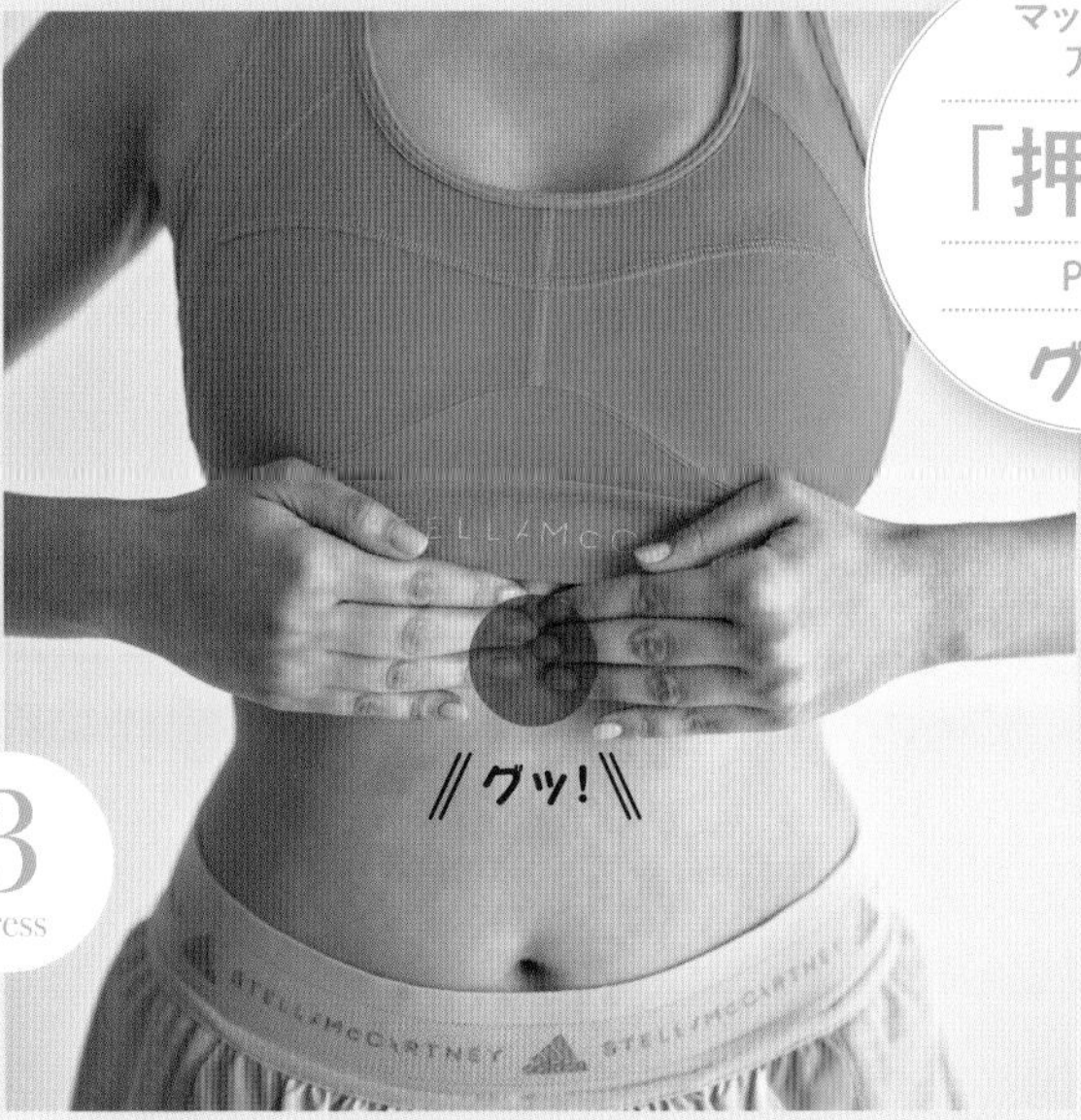

Step 1

胃の裏には、「乳び槽（にゅうびそう）」という、全身のリンパ液の約8割が通る場所があります。息を吐きながら乳び槽を3回押すことで、たまったリンパを流します。

☞ 乳び槽を押す やり方

両手の指で息を吐きながら乳び槽を3回押す。

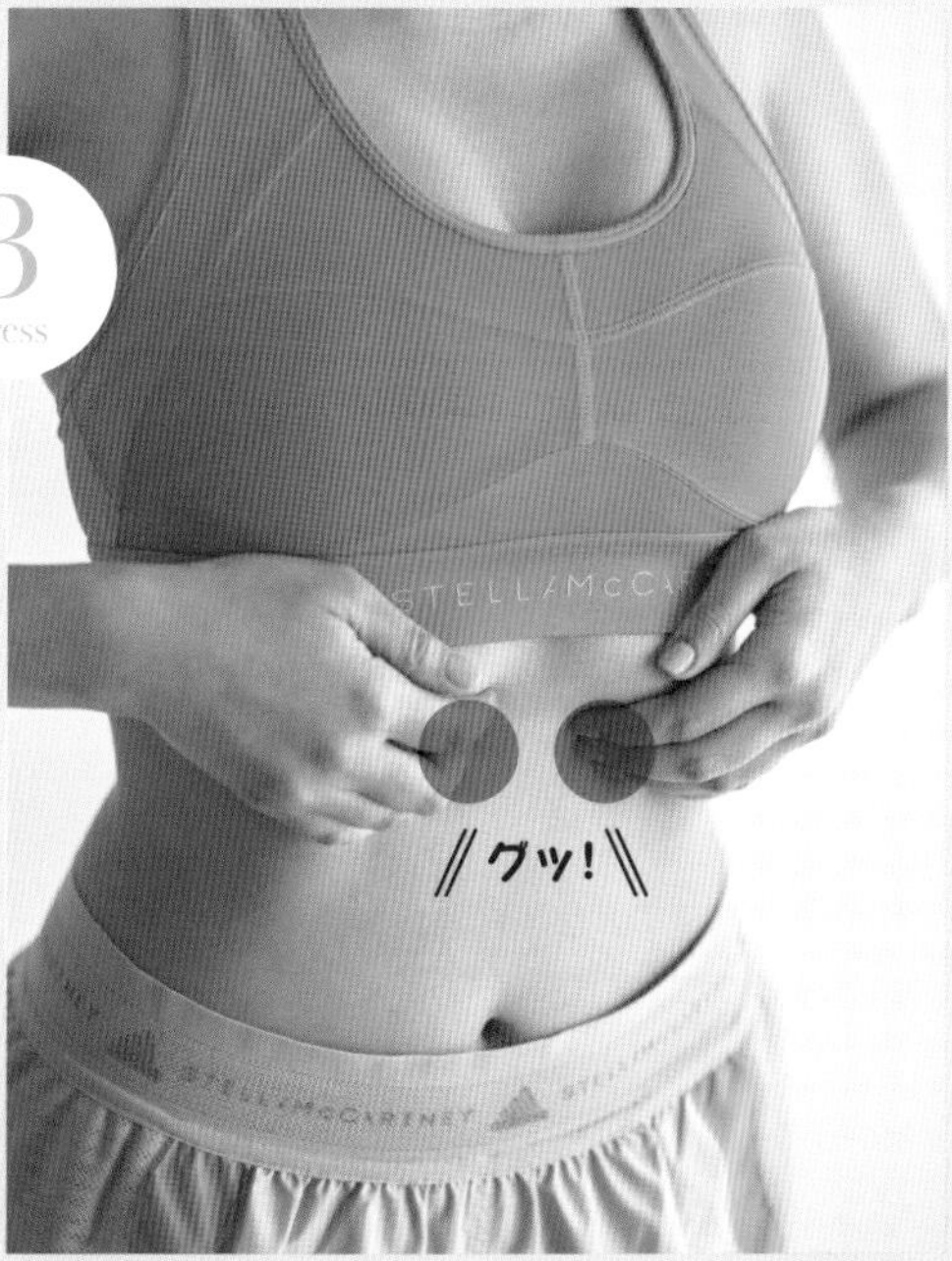

Step 2

食生活を見直しているのに痩せにくいのは、酸素が足りていない可能性があります。酸素をより多く取り込むには横隔膜の動きをよくすることが大切。横隔膜を刺激してゆるめましょう。

横隔膜を押す やり方

人差し指から小指の4本を肋骨に沿って当て、大きく息を吸います。そして息を吐きながら体を斜め45度に倒し、そのときに4本の指でグッと押します。3回繰り返してください。

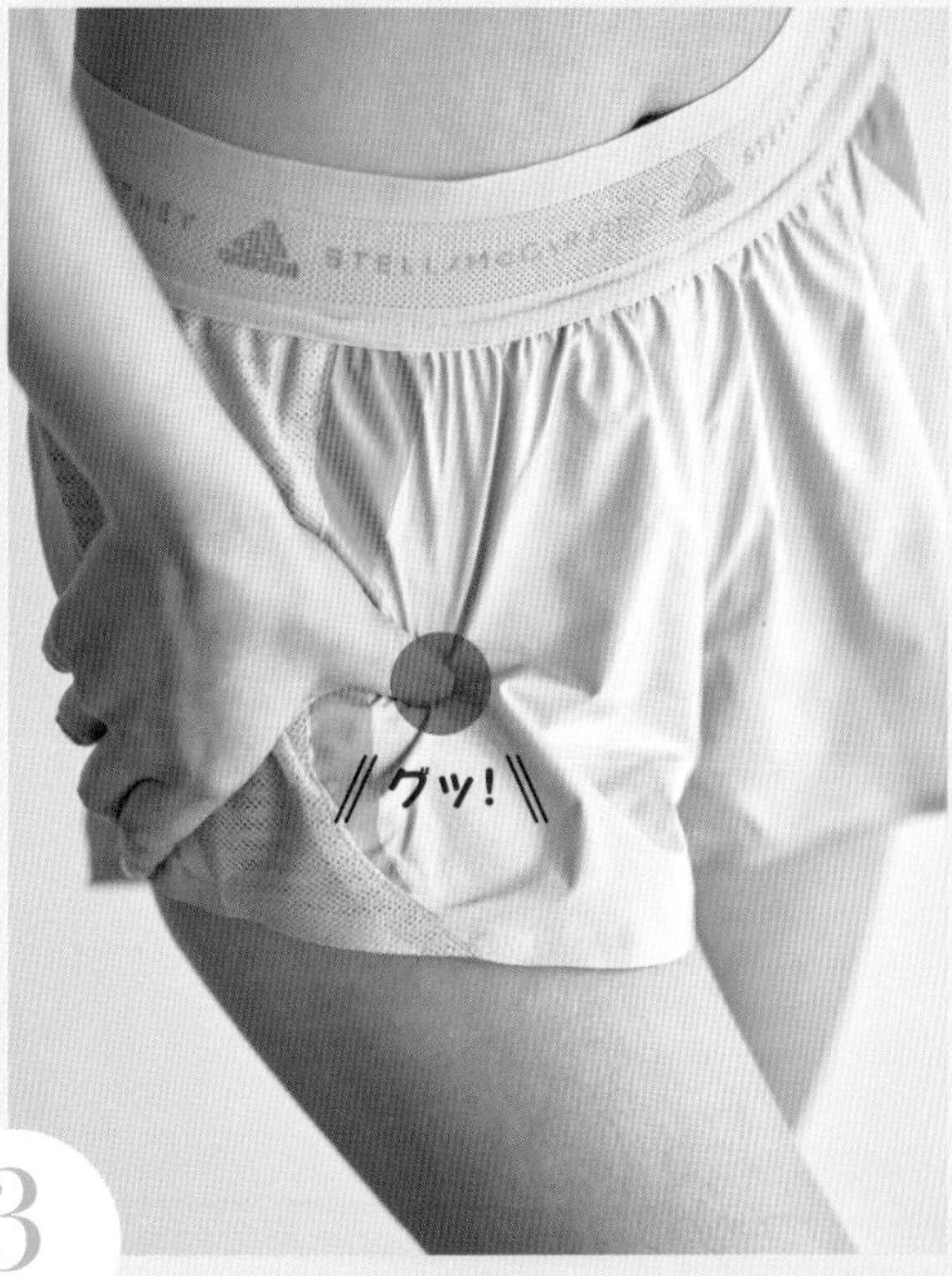

Step 3

そけい部は足の付け根にあり、骨盤のちょうど下の凹んでいる部分です。脚のリンパと上半身のリンパをつなぐ大切な場所。そけい部が柔らかくなると全身の血液のめぐりがよくなります。

そけい部を押す やり方

そけい部に親指をあて、左右3回づつ、息を吐きながら押してください。

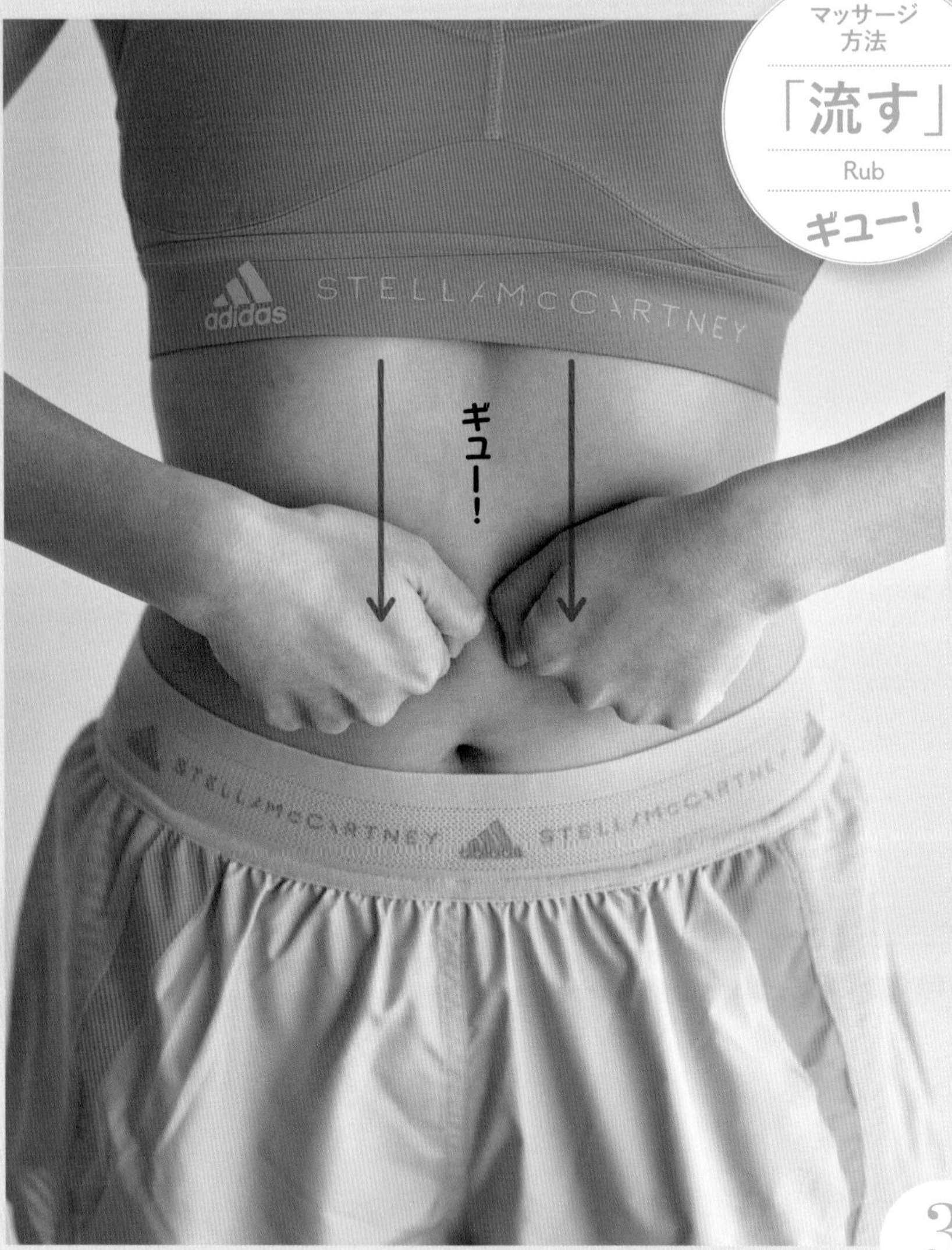

マッサージ
方法
「流す」
Rub
ギュー!

3
Rub

Step 1
歳を重ねるごとに硬くなりやすい腹直筋。縮んでしまっている方が多いので重点的に伸ばしましょう! 腹直筋が柔らかくなると正しい姿勢がとれるようになり、自然とおなか周りの脂肪が落ちます。

☞ おなかを流す やり方

肋骨の下から下腹まで圧力を加えながらギューッと押し流してください。

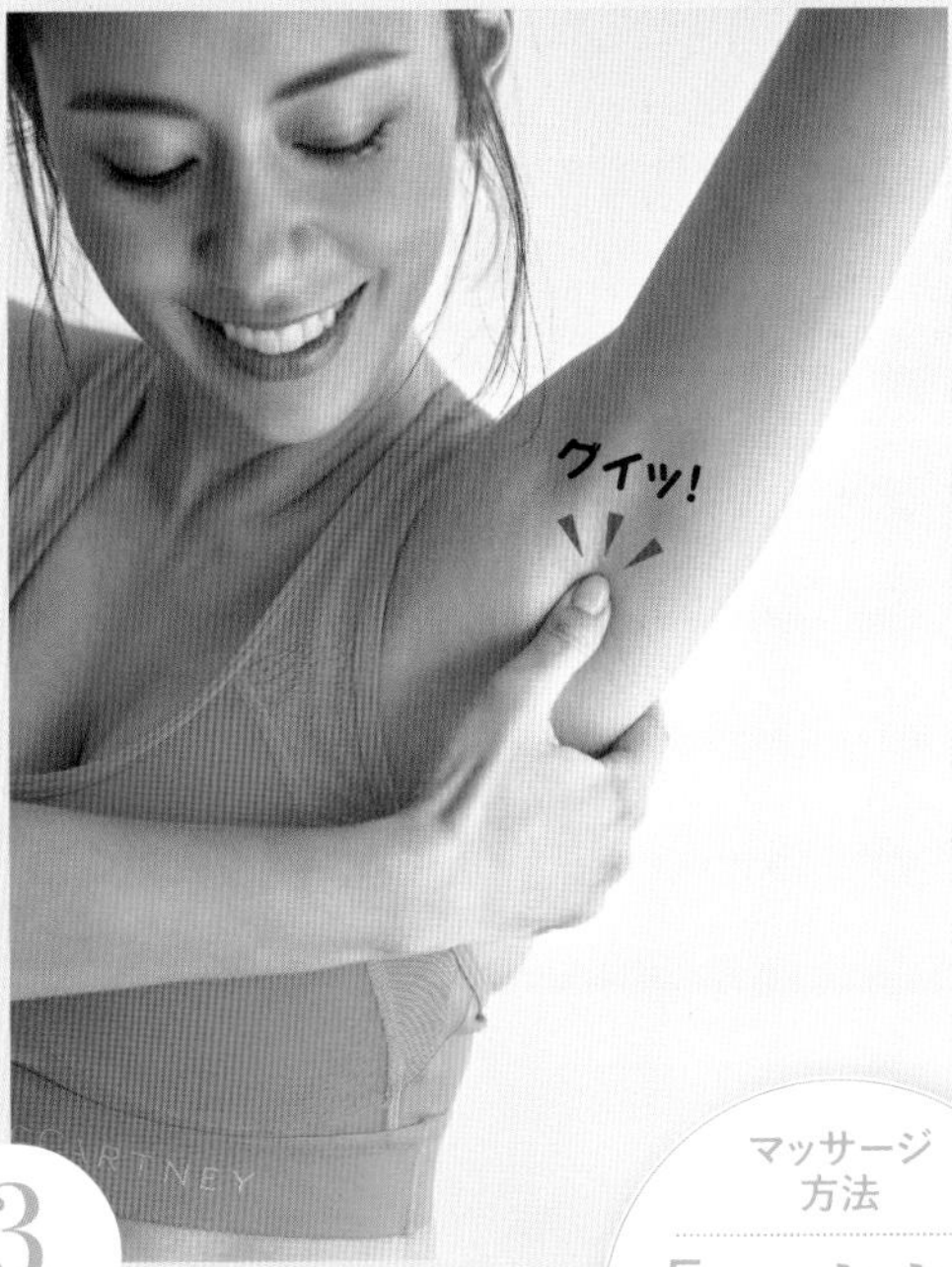

3
Pinch

Step
1

わきの下のリンパ節は、疲労物質がたまりやい場所。老廃物を流すことで二の腕やおなか周りの脂肪が落ちやすくなるだけでなく、顔のむくみにも効果的です。そして、わきの下のリンパが流れると免疫力アップにもつながります。

☞ わきの下をつまむ やり方

わきの下を親指で挟むようにしてギューっと押します。左右3回ずつ行ってください。

マッサージ
方法
「つまむ」
Pinch
グイッ!

Step
2

わき腹を覆う「腹斜筋」が硬くなっているとその上に脂肪がつきやすく、ハミ肉の原因に。つまんで柔らかく保ちましょう。

☞ 脇腹をつまむ やり方

わき腹のアンダーバストの下をつまんで離し、少しずつ下に向かってつまんで離すを繰り返します。左右3セット行ってください。

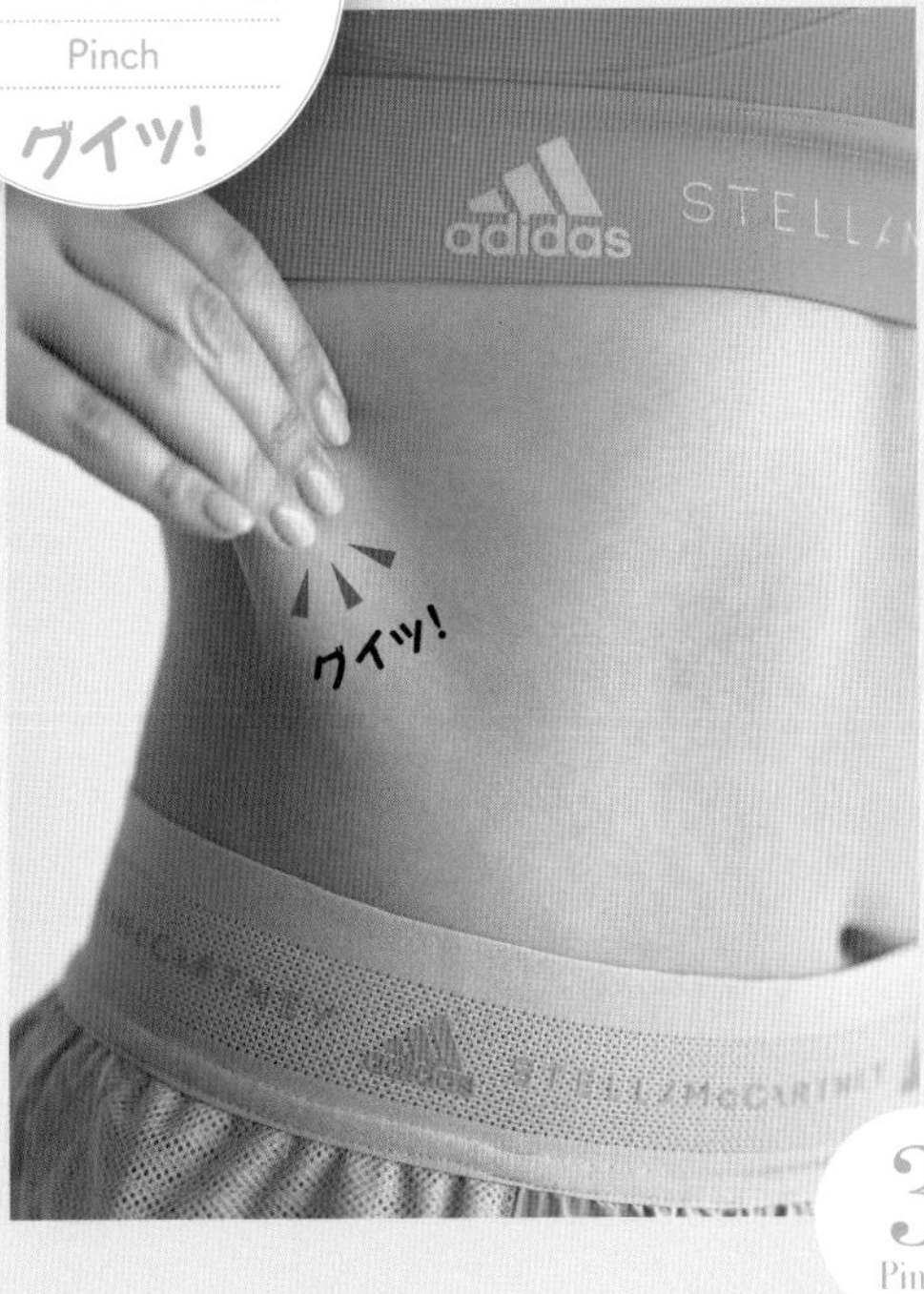

3
Pinch

2

ぽっこりおなか
引き締めマッサージ

腸の機能が低下すると、便秘になるだけでなく、
消化しきれなかった糖分が脂肪になって体内に残り、
皮下脂肪や内臓脂肪として蓄積され、ぽっこりおなかの原因に。

マッサージ方法
「押す」
Press
グッ!

Step 1

横隔膜がよく動くと呼吸が楽になります。酸素を取り入れ、血液のめぐりもよくなるので代謝が上がります。

横隔膜を押す やり方

人差し指から小指の4本を肋骨に沿って当て、大きく息を吸います。そして息を吐きながら4本の指でグッと押します。3回繰り返してください。立ちながら、座りながら、寝ながらでもオッケーです。立ちながら、座りながら行う場合は体を斜め45度に倒すとより強く押せます。

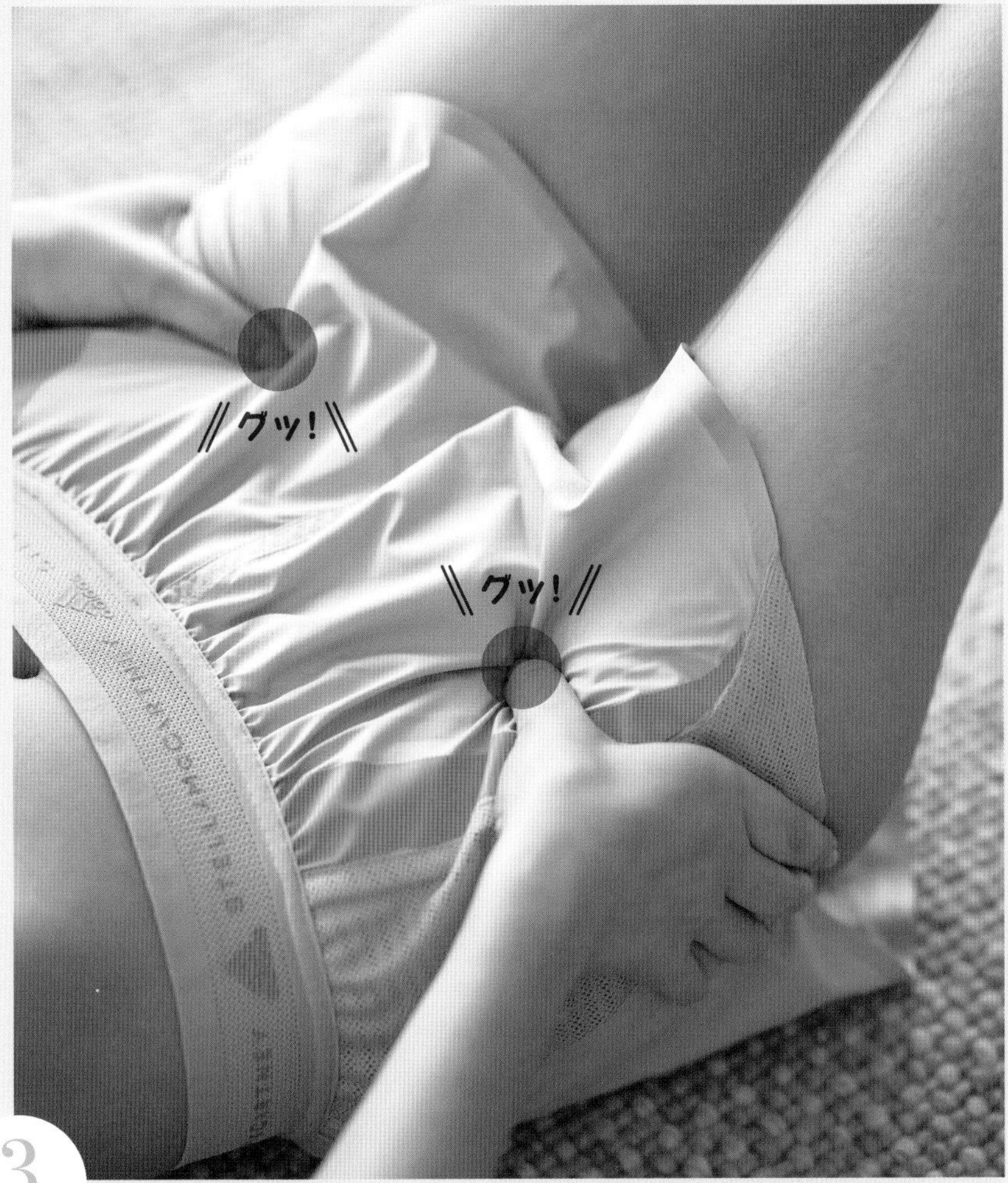

3
Press

Step
2

②そけい部は足の付け根にあり、骨盤のちょうど下の凹んでいる部分です。脚のリンパと上半身のリンパをつなぐ大切な場所であり、そけい部を刺激することによって全身の血液のめぐりがよくなります。座り姿勢が多い人は硬くなりやすい傾向があります。

☞そけい部を押す　やり方

そけい部に親指をあて、左右3回ずつ、息を吐きながら押してください。

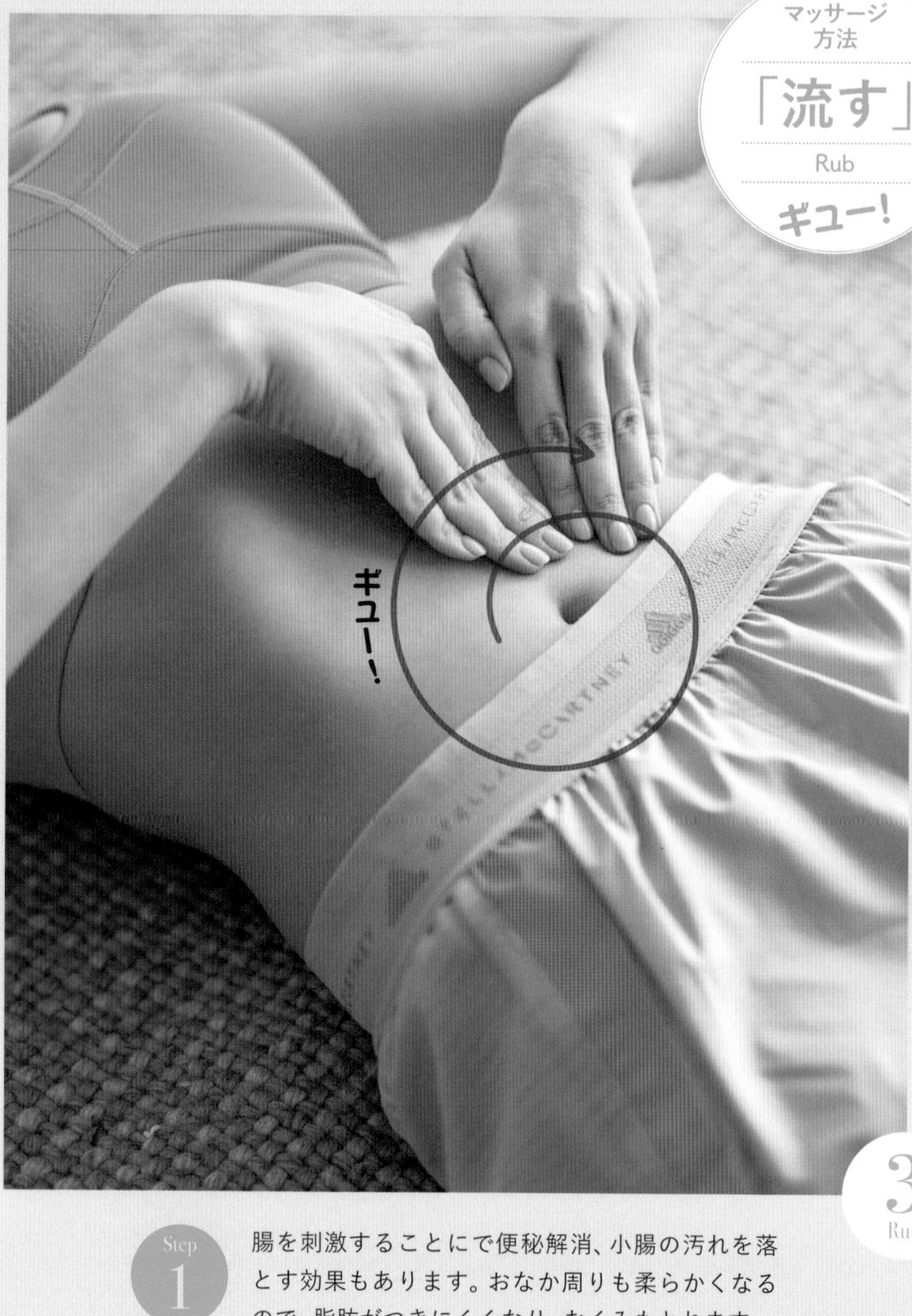

マッサージ方法
「流す」
Rub
ギュー!

3
Rub

Step 1

腸を刺激することにで便秘解消、小腸の汚れを落とす効果もあります。おなか周りも柔らかくなるので、脂肪がつきにくくなり、むくみもとれます。

☞ 腸を「の」の字で押し流す　やり方

両手を使って、「の」の字を描くようにおなか全体をゆっくりと押し流してください。3セット行ってください。

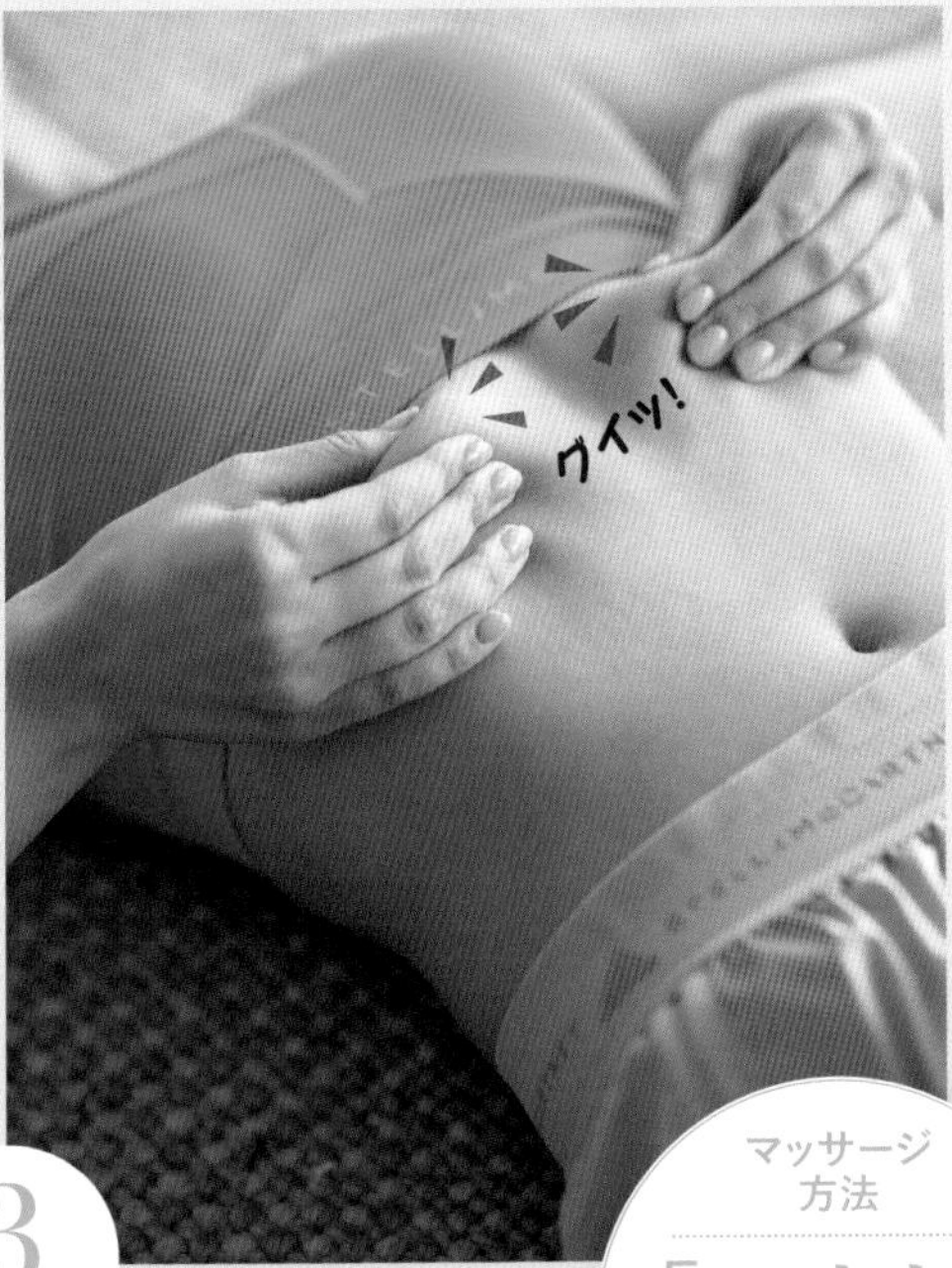

Step 1

肝臓や胃が疲れている人は肋骨の周りに脂肪がつきやすくなります。肋骨周りの脂肪をつまんで緊張をほぐし、柔らかくしましょう。

おなか上部をつまむ やり方

肋骨の上についた脂肪をグイッと強くつまんで離します。全体的に肋骨周りの脂肪を「つまんで離す」を3セット繰り返し行ってください。

3 Pinch

マッサージ方法

「つまむ」

Pinch

グイッ!

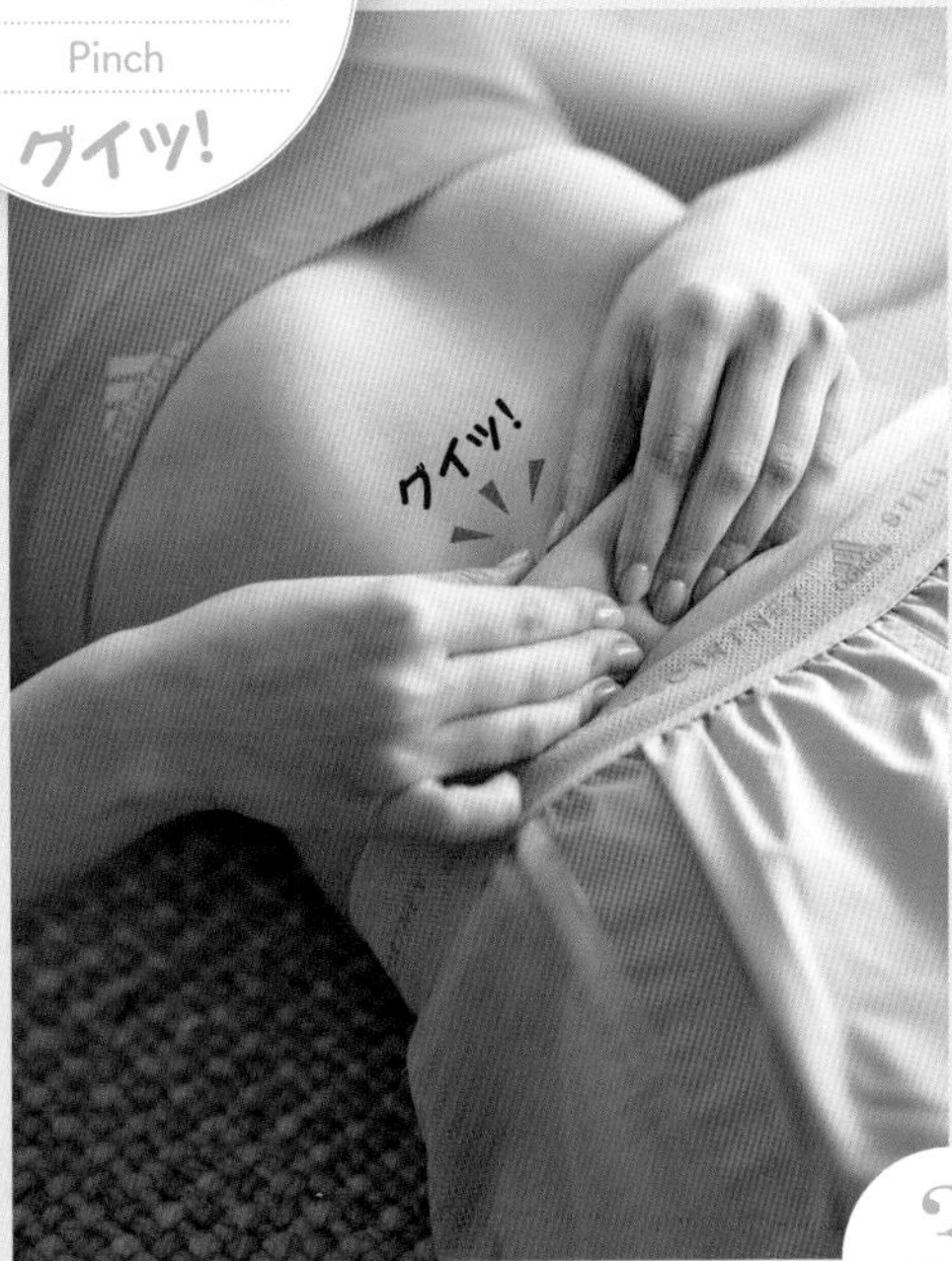

Step 2

血液とリンパの流れがいいとおなか周りの老廃物が排出され、むくみが解消されます。さらに内臓脂肪が燃えやすくなり、脂肪が蓄積されないので自然とおなかがすっきりしてきます。

下腹をつまむ やり方

下腹の脂肪をグイッと強くつまんで離します。全体的におへそ周りの脂肪をつかんで離すを3セット繰り返し行ってください。

3 Pinch

3 バストアップマッサージ

胸の周りの筋肉をしっかりほぐして、
きちんと胸に栄養が行き届くようにしましょう！
バストアップのためにはデコルテをほぐすことも大切。
デコルテは頭を支え重みがかかるので、老廃物がたまりやすいです。
老廃物がたまると、むくみやくすみの原因となってしまいます。

3 Press

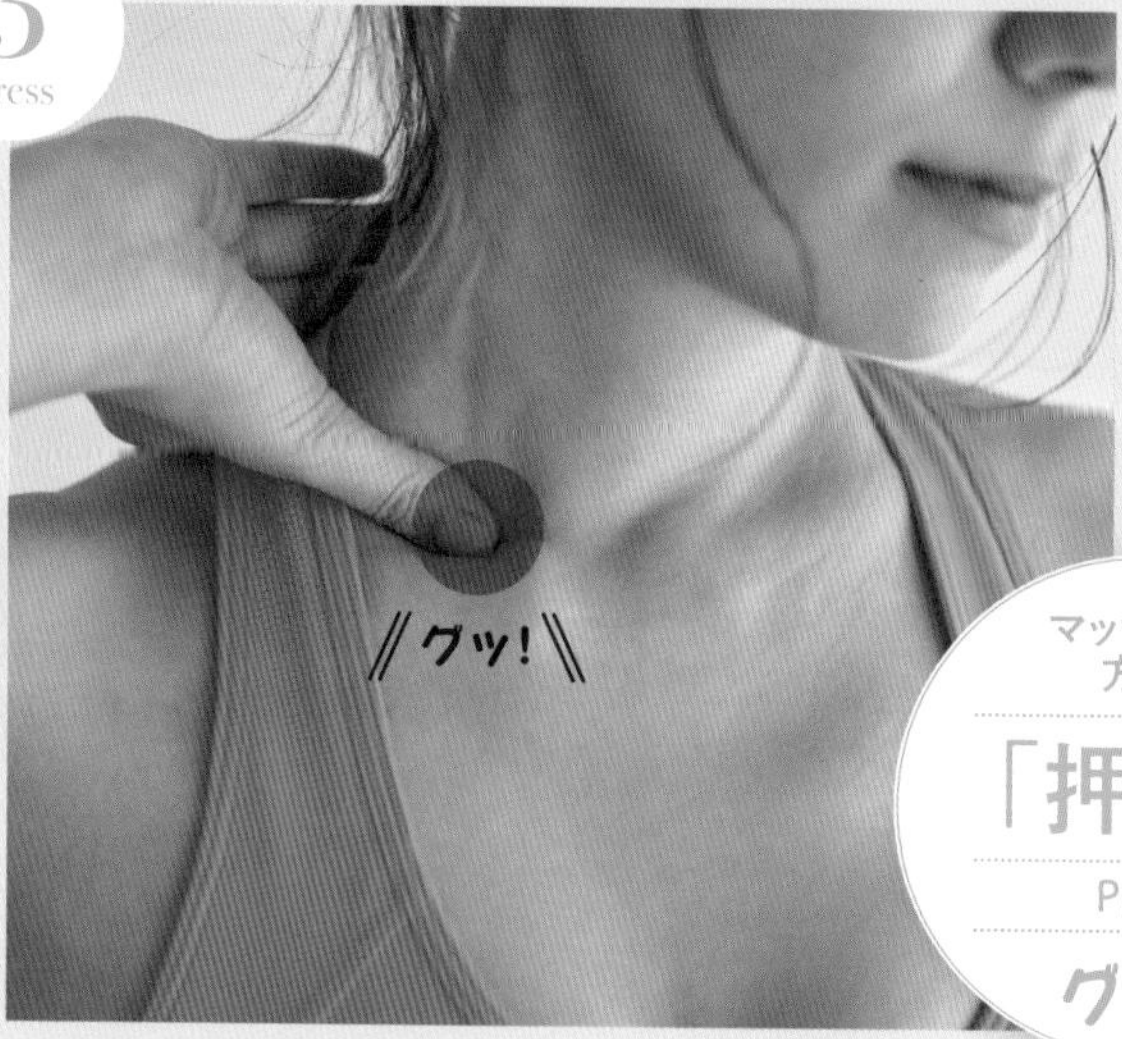

マッサージ方法
「押す」
Press
グッ！

Step 1

鎖骨にあるリンパ節は、全身のリンパの最終出口です。全身から集められたリンパが最終的に鎖骨の奥にある静脈へ流れていきます。このリンパがつまってしまうと全身のリンパの流れが悪くなってしまうので、鎖骨をつまらせないようにしましょう。

☞ 鎖骨の凹みを押す やり方

親指を使ってグッと鎖骨のくぼみを押してください。左右3回ずつ行ってください。

3
Press

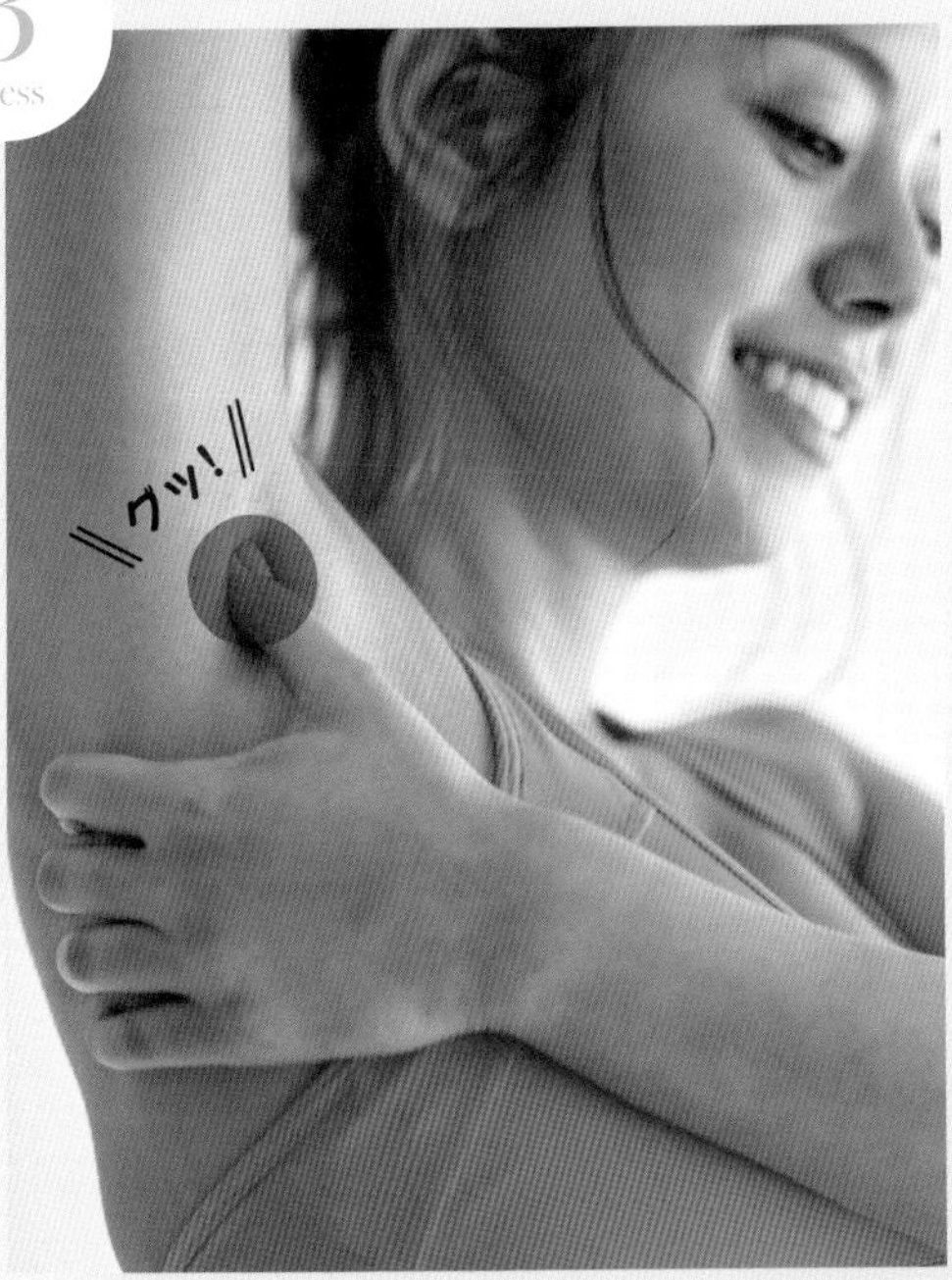

Step
2

わきの下にも大きなリンパ節があります。わきの下を押して刺激することで老廃物が流れやすくなります。

☞ わきの下を押す やり方

片腕を上げて、もう片方の手の親指で、わきの下をグッとつまむようにして押します。手のひらで押しても◎。左右3回ずつグッと押してください。

Step
3

横隔膜をゆるめることでより深く呼吸ができるようになり、血液とリンパの流れもよくなるのでバストに栄養が届けられるようになります。

☞ 横隔膜を押す やり方

人差し指から小指の4本を肋骨に沿って当て、大きく息を吸います。そして息を吐きながら4本の指でグッと押します。3回繰り返します。立ちながら、座りながら、寝ながらでもオッケー。立ちながら、座りながらの場合は体を斜め45度に倒すとより強く押せます。

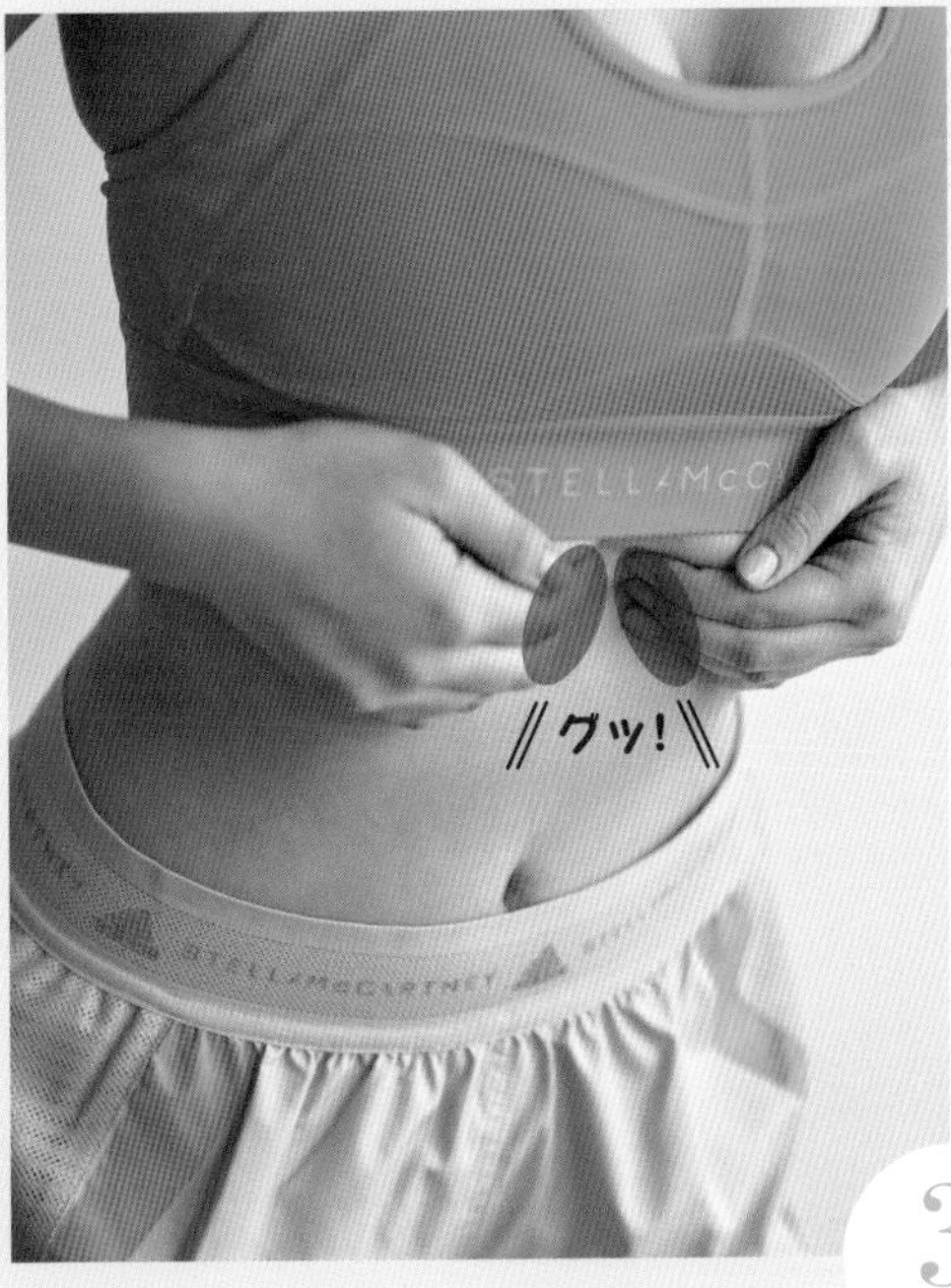

3
Press

Step 1

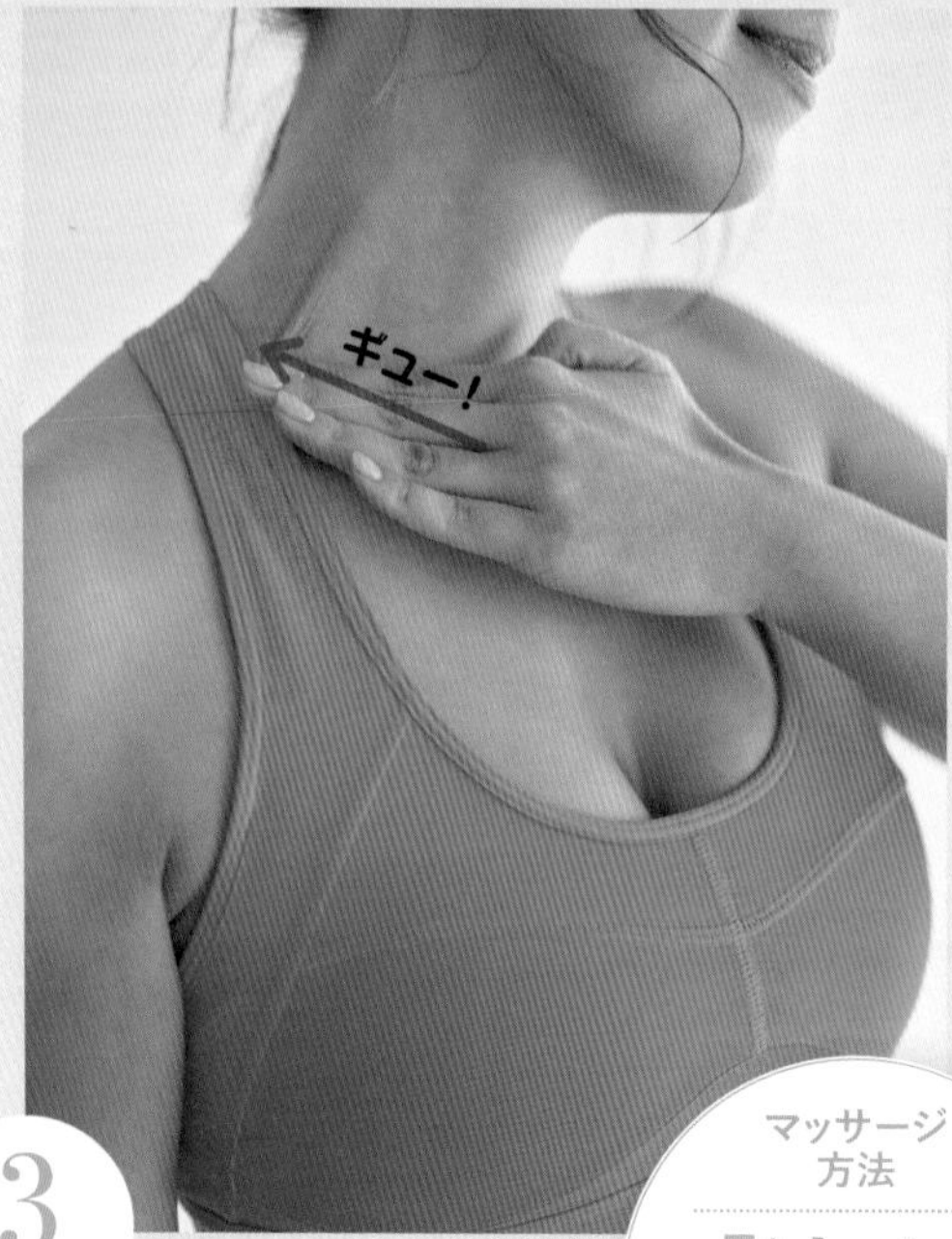

鎖骨にあるリンパ節は、全身のリンパの最終出口です。全身から集められたリンパが最終的に鎖骨の奥にある静脈へ流れていきます。このリンパがつまってしまうと全身のリンパの流れが悪くなってしまうので、鎖骨をつまらせないようにしましょう。

☞ 鎖骨を流す やり方

鎖骨を内側から外側に向かって、骨に沿って指でさするように流します。

3 Rub

マッサージ方法

「流す」

Rub

ギュー!

Step 2

おなかを引っ込めても隠すことのできないわき腹の余分な脂肪。わき腹を引き締めてくれるのは腹斜筋です。肋骨から斜めに走っている腹斜筋は、ずっと座りっぱなしや立ちっぱなしの姿勢でいると硬くなってしまいます。わき腹がスッキリするとくびれがキレイに出てきます。

☞ わき腹を流す やり方

片腕を上げて背中に回し、もう片方の手でわき腹を下から上へ斜めに押し流します。左右3回繰り返してください。

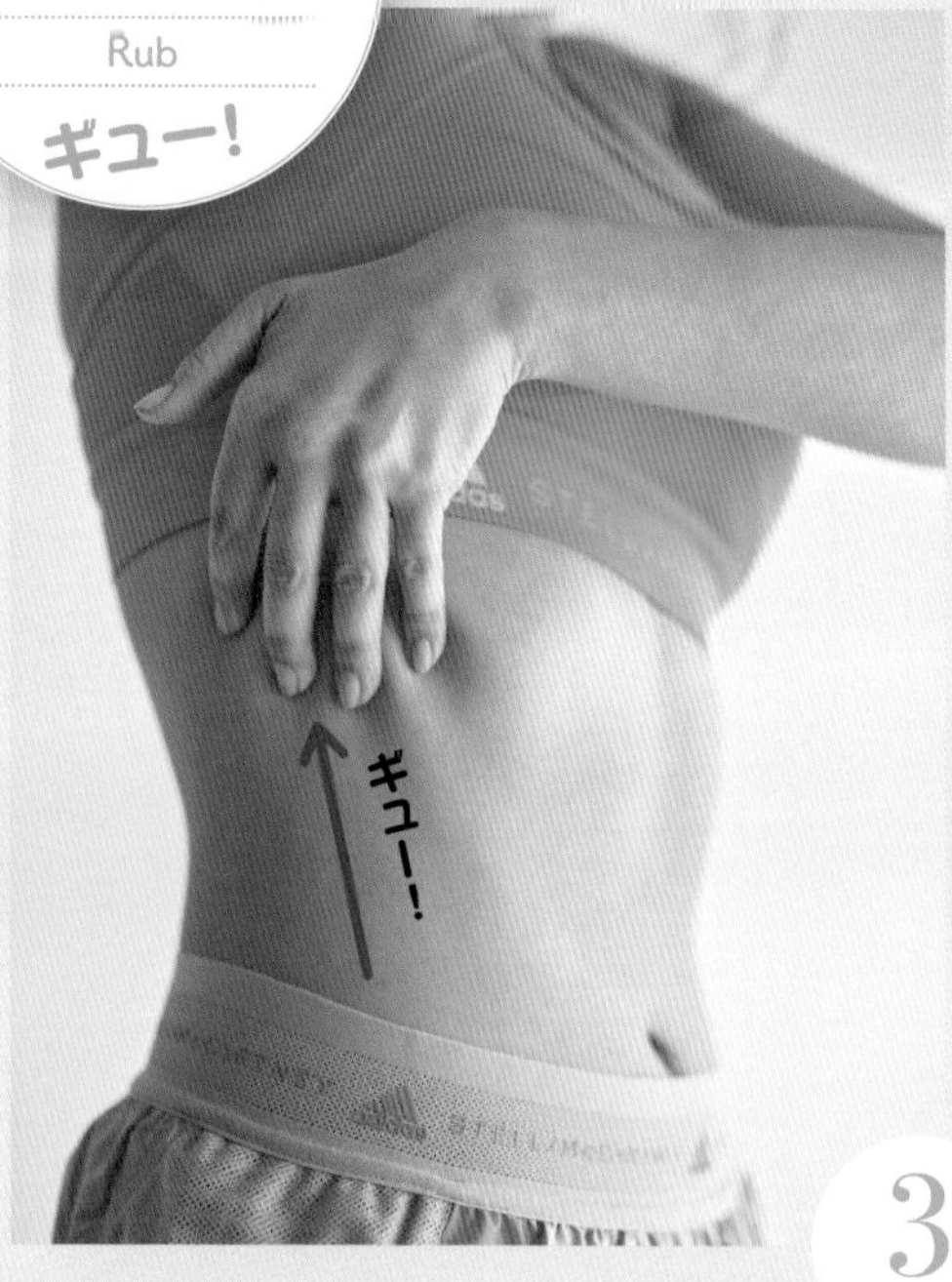

3 Rub

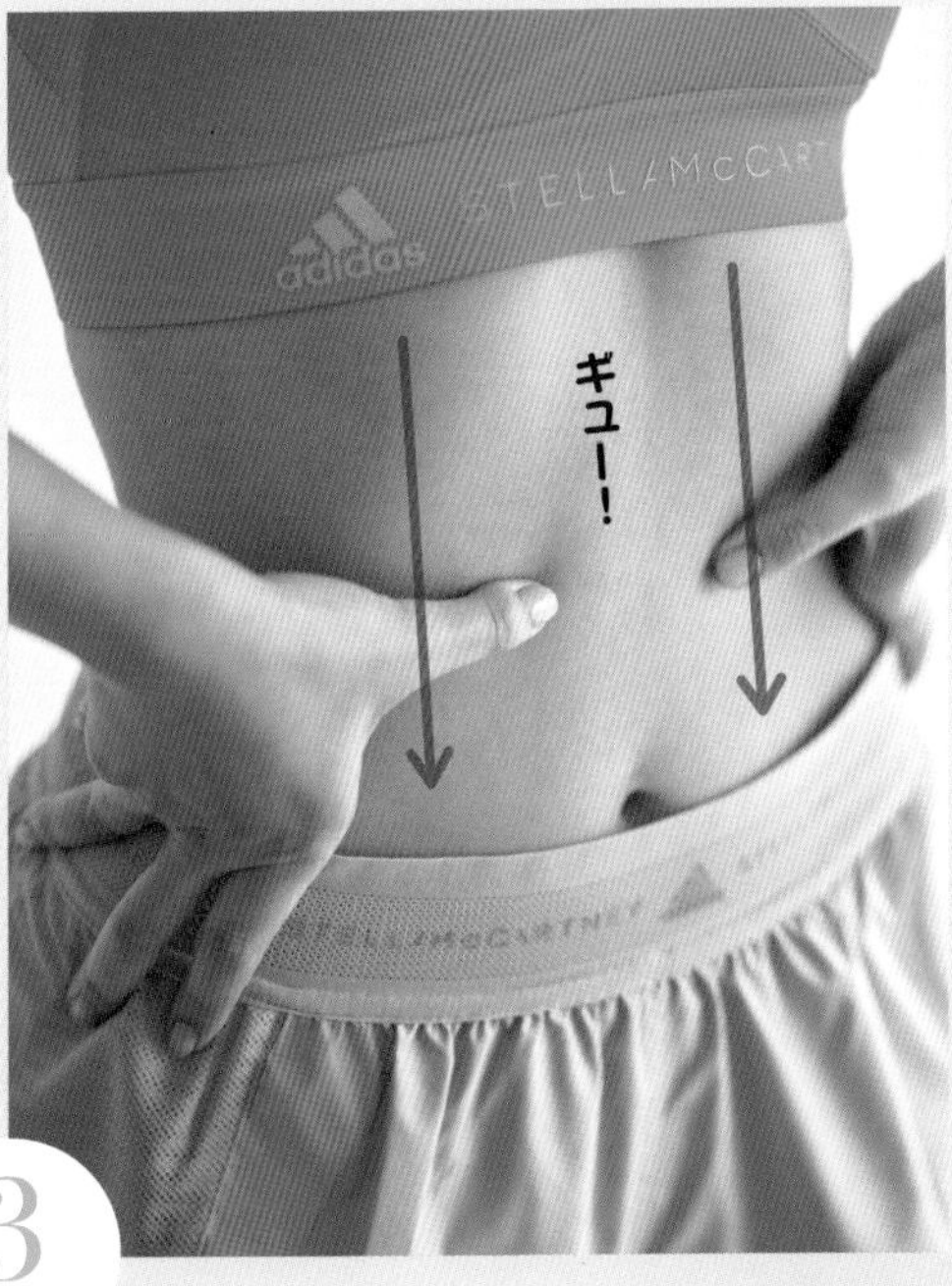

3
Rub

Step 3

歳を重ねるごとに硬くなりやすい腹直筋。縮んでしまっている方が多いので、重点的に伸ばしましょう！腹直筋が柔らかくなると正しい姿勢がとれるようになり、おなか周りの脂肪が落ち、バストが大きく見えます。

☞ おなかを流す やり方

おなかの縦のラインを親指で上から下へ押し流します。握りこぶしを作って押し流しても◎。

3
Pinch

Step 1

わき腹を覆う腹斜筋が硬くなっているとその上に脂肪がつきやすく、ハミ肉の原因に。わき腹をつまんでくびれを作りバストを強調。

☞ わき腹をつまむ やり方

わき腹のアンダーバストの下をつまんで離し、少しずつ下に向かってつまんで離すを繰り返します。左右3セット行ってください。

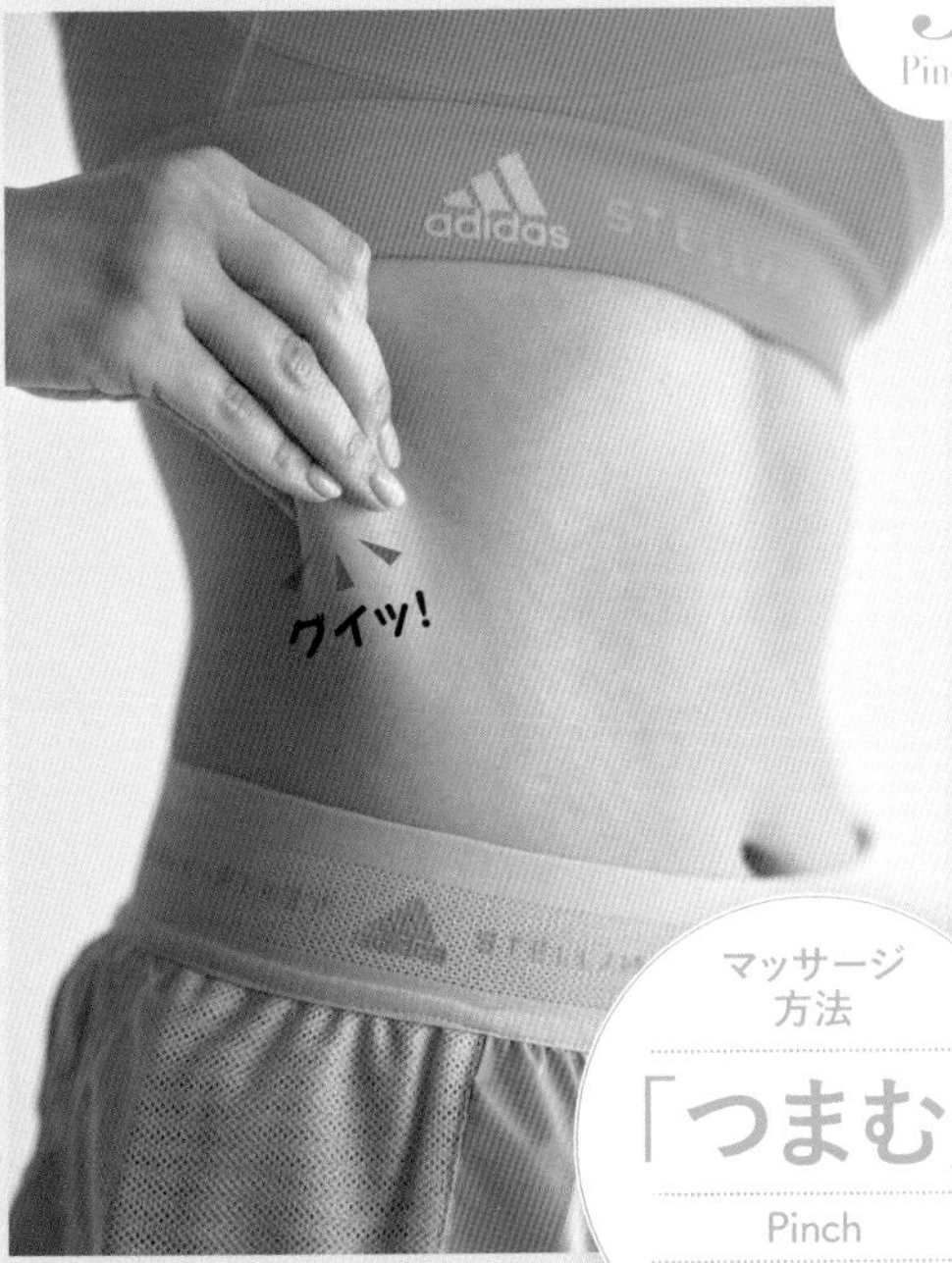

マッサージ方法
「つまむ」
Pinch
グイッ!

おしりをキュッと上げて脚長効果

4

おしりは血行が悪くなりやすく、こりがたまりやすい部分です。
おしりの筋肉は基礎代謝、下半身のバランスの維持を担っており、
こりが慢性化するとたれてしまったり、腰痛や下半身太りの原因に。

マッサージ方法
「押す」
Press
グッ！

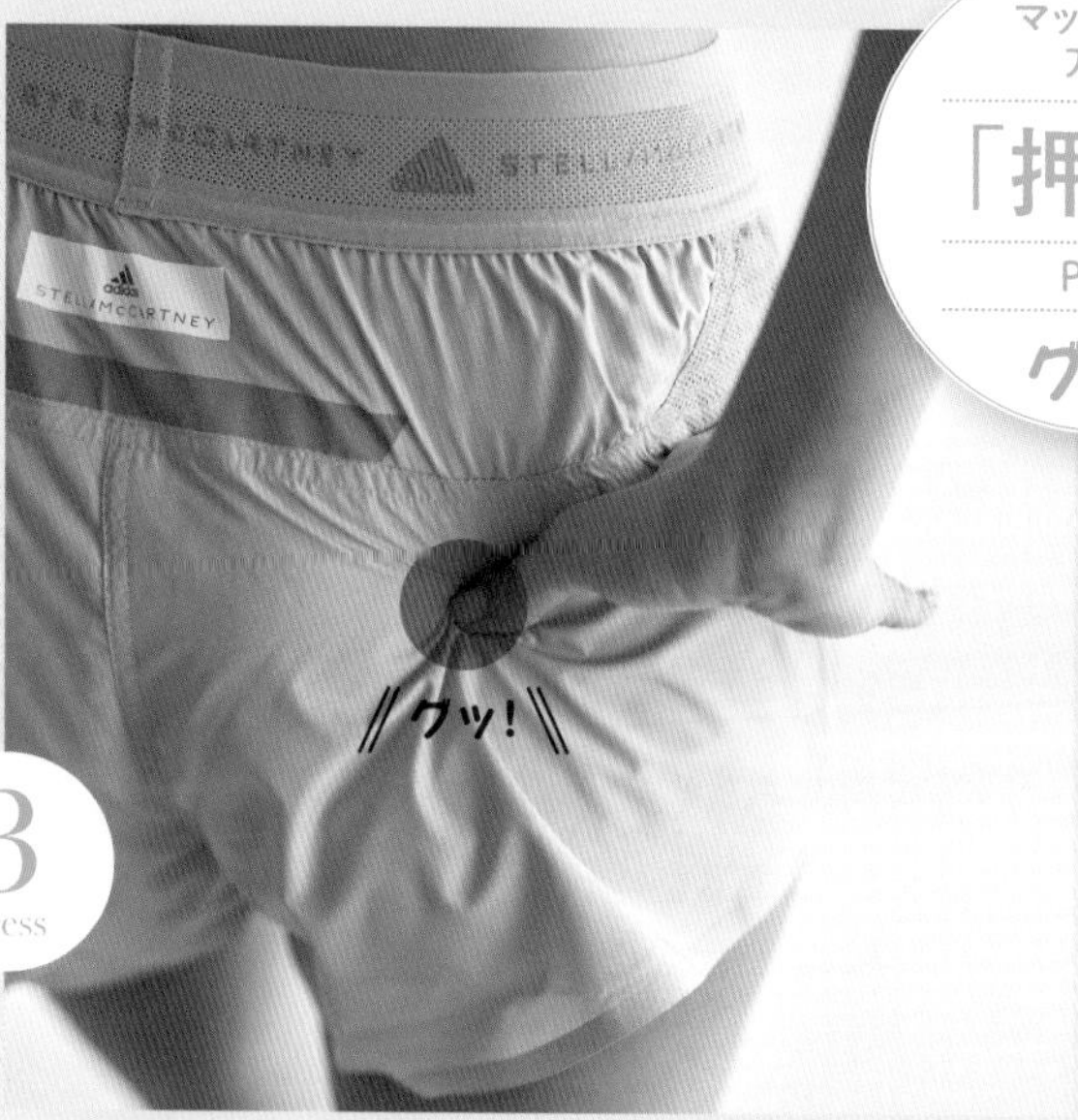

3
Press

Step 1

おしりの中央よりやや外側、おしりにキュッと力を入れたときにできるくぼみを押します。このくぼみを押すことで血行がよくなり、おしりの緊張がほぐれます。腰痛のある方は、押したときに強い痛みを感じるかもしれません。

☞ おしりのえくぼを押す やり方

親指で、少し強めにグッと左右3回ずつ押します。仰向けに寝ながらおしりの下にテニスボールやゴルフボールなど、好みの硬さのボールを置いて、転がしながらマッサージするのも効果的です。

マッサージ
方法
「流す」
Rub
ギュー!

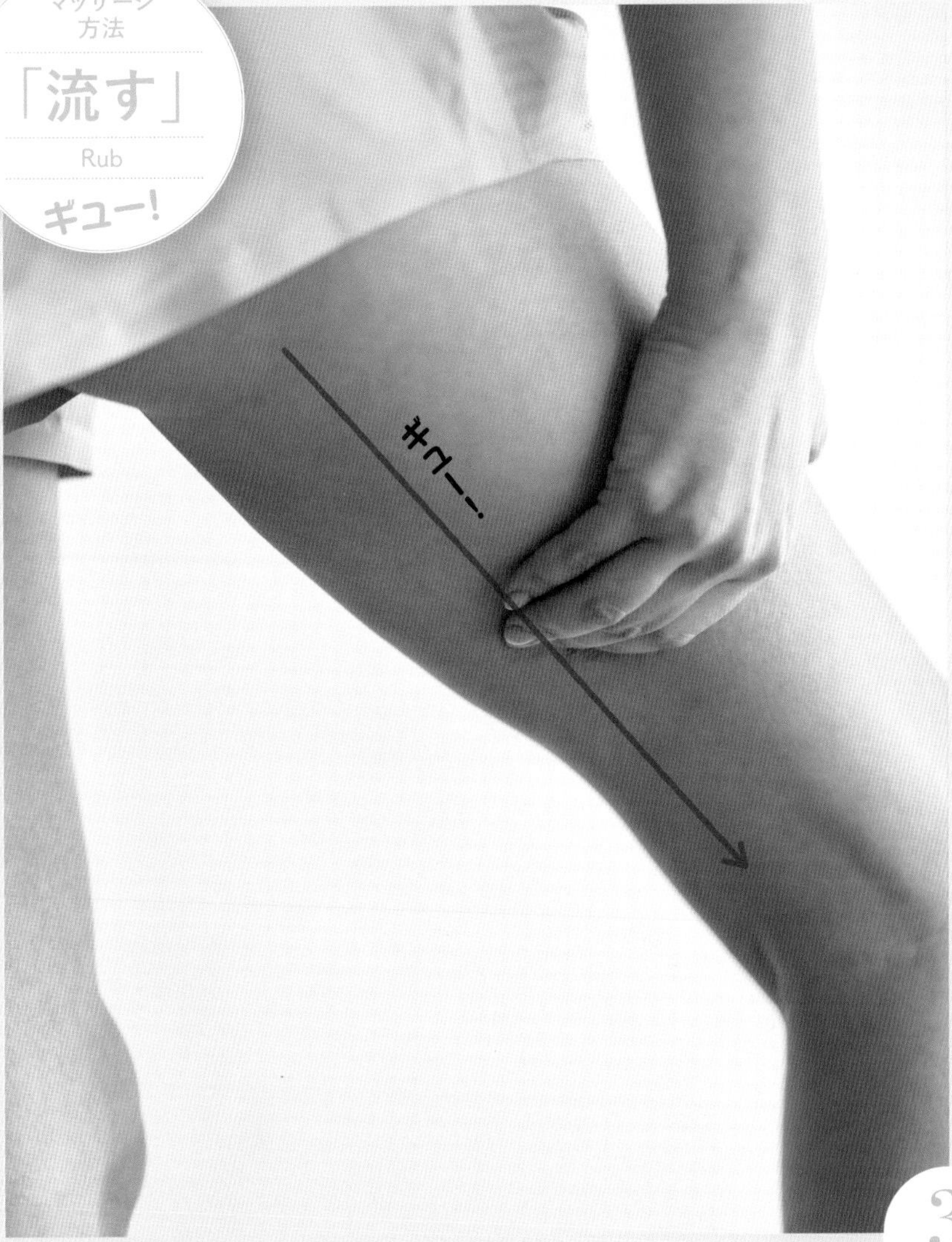

3
Rub

Step 1

太ももの裏側の硬さをほぐすことで、おしりが下に引っ張られるのを防ぎます!

☞ もも裏を押す やり方

おしりの下からひざ裏に向かって圧力を加えながら押し流します。両脚、3回ずつ行ってください。

マッサージ方法

「つまむ」

Pinch

グイッ!

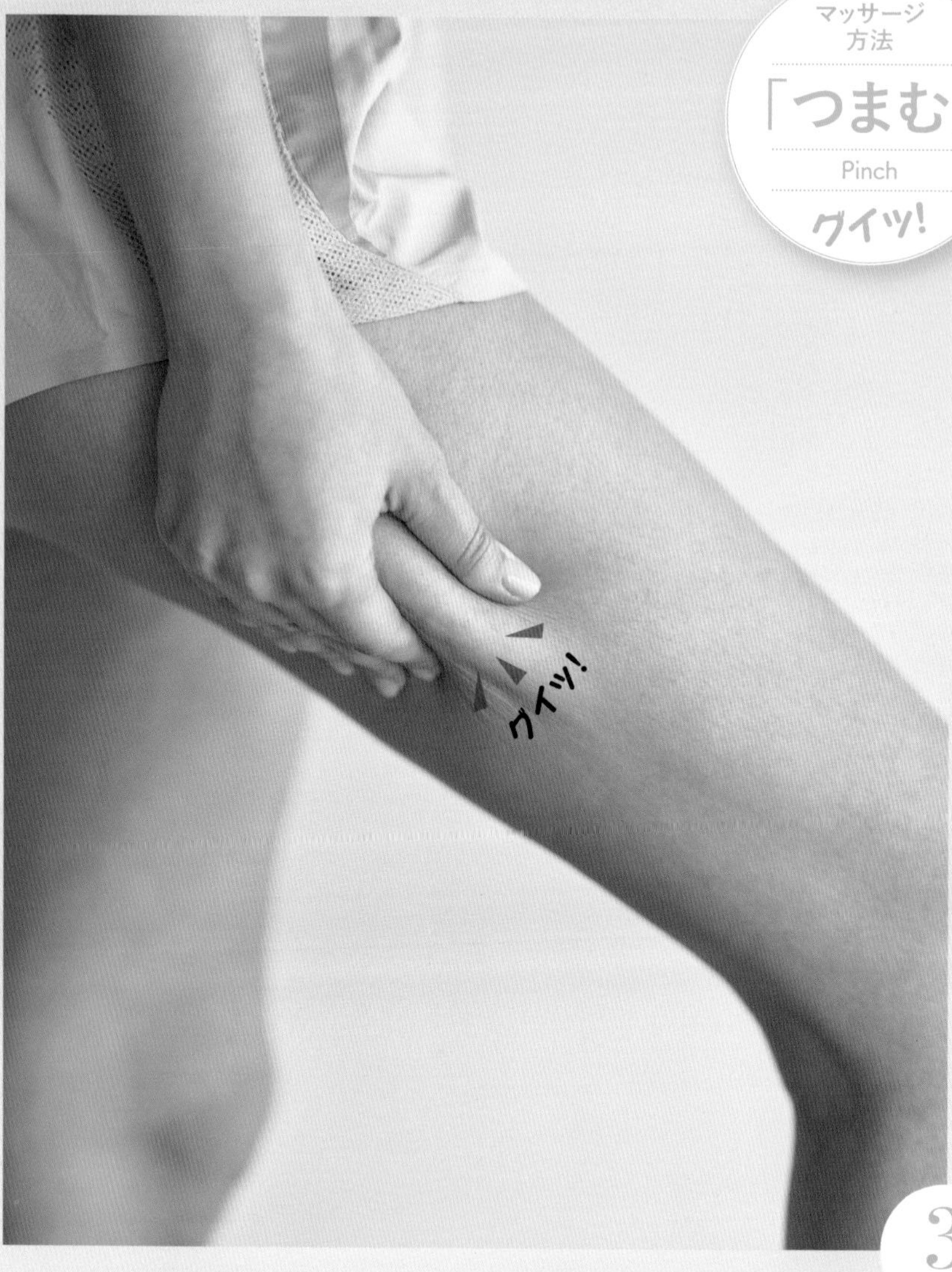

3
Pinch

Step 1 太ももの外側をつまんで老廃物を流します。

☞ 太ももの外側をつまむ やり方

太ももの外側の脂肪を、ひざ側から太ももの付け根、そしておしりの外側まで、つまむ。左右3セット行ってください。

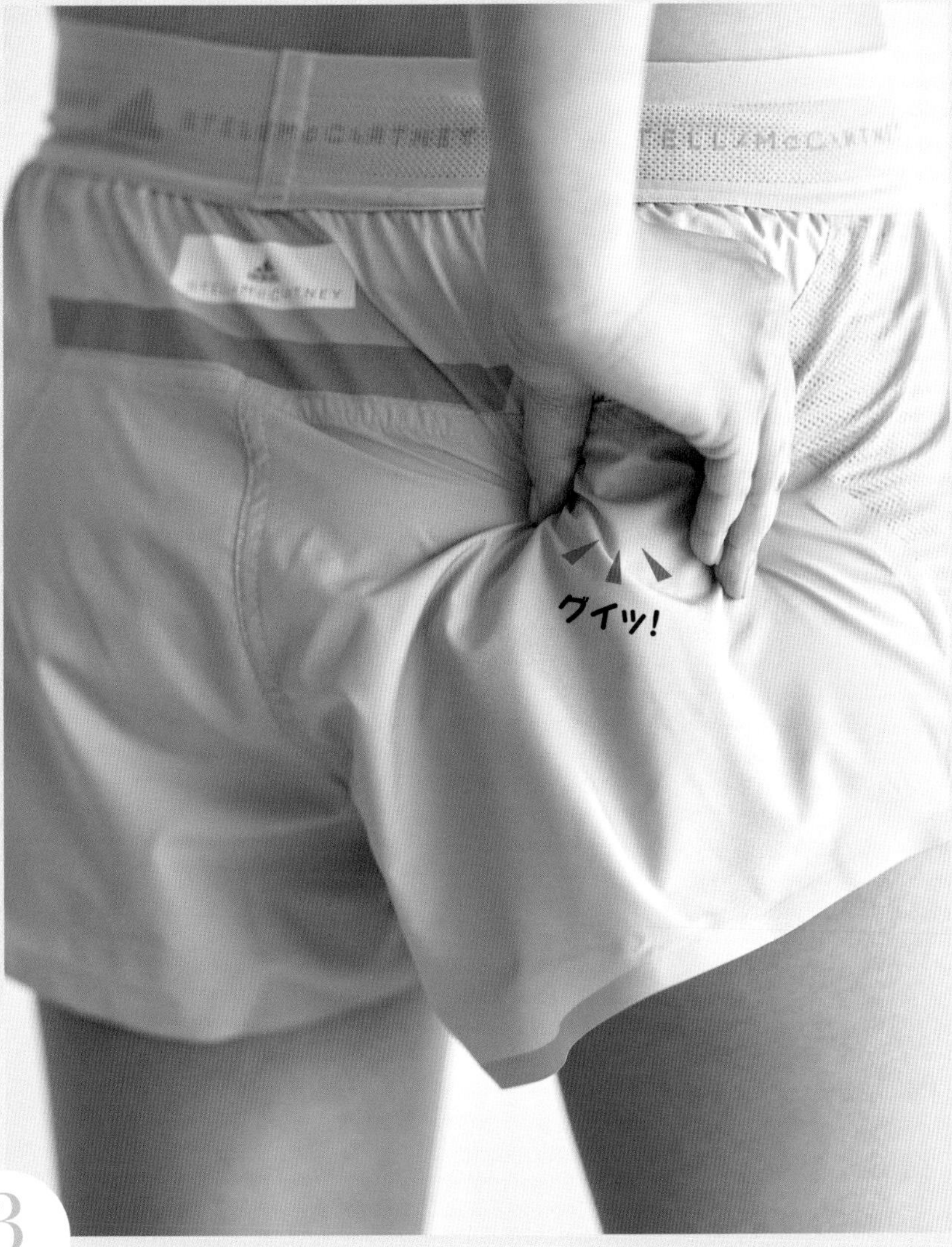

3
Pinch

Step 2 下がったおしりの脂肪を下から上へグイッとつまみ上げましょう。

☞ おしりをつまむ やり方

おしりのえくぼや、おしりのほっぺを全体的にグイッとつまんで離すを繰り返しましょう。左右3セットずつ行ってください。

二の腕ほっそりマッサージ

5

ノースリーブの季節に特に気になる二の腕。
細くすらっとした腕は女性らしく見え、
腕が細いとバストも大きく見えます。
逆に脂肪がつき、振袖状態になっていると、
それだけで老けて見えてしまいます。意識してケアしましょう!

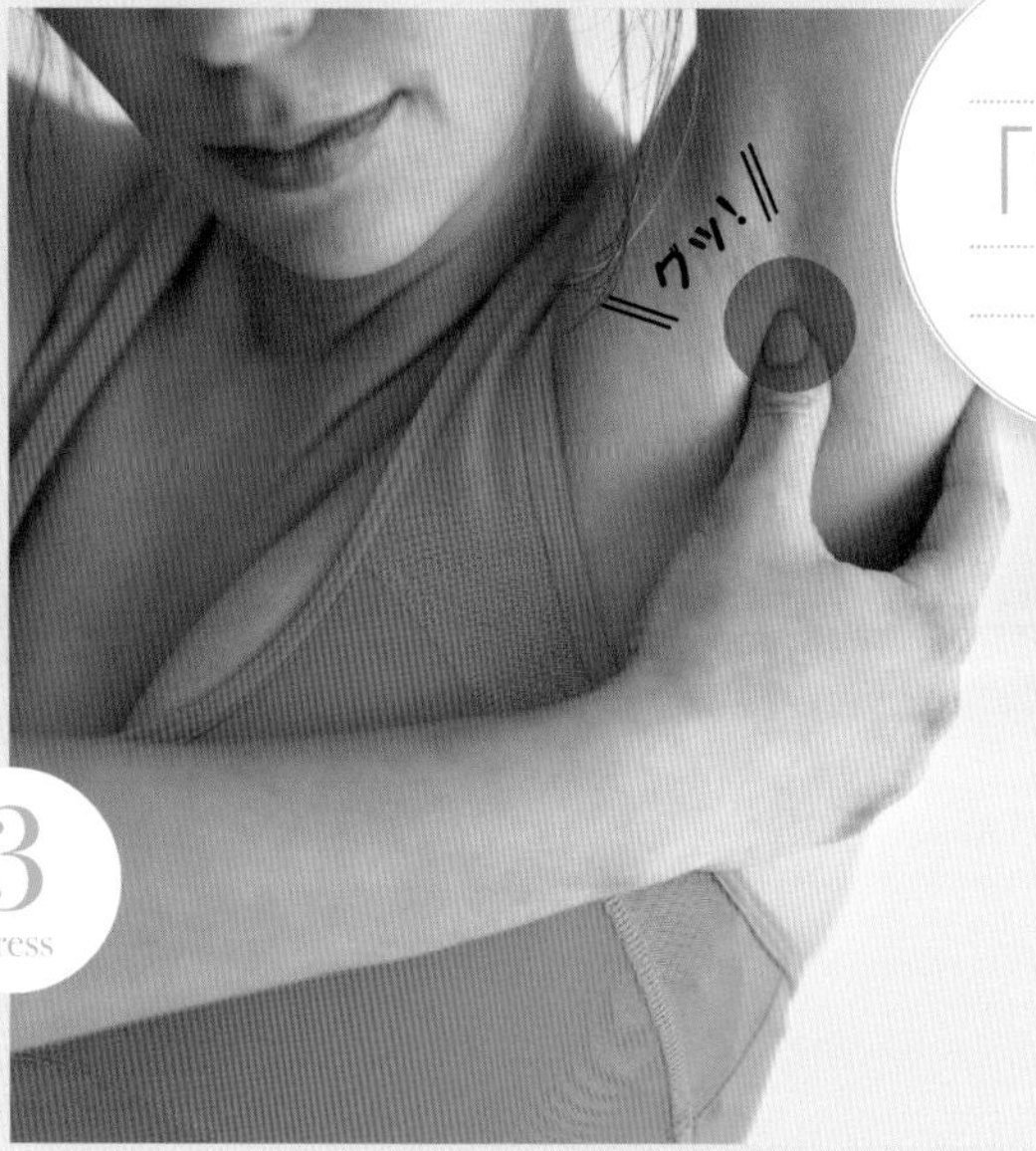

Step 1 わきの下のリンパを流すことで、むくみがとれて二の腕がほっそりします。

☞ わきの下を押す やり方

片腕を上げて、もう片方の手の親指で、わきの下をグッとつまむようにして押します。手のひらで押しても◎。左右3回ずつグッと押してください。

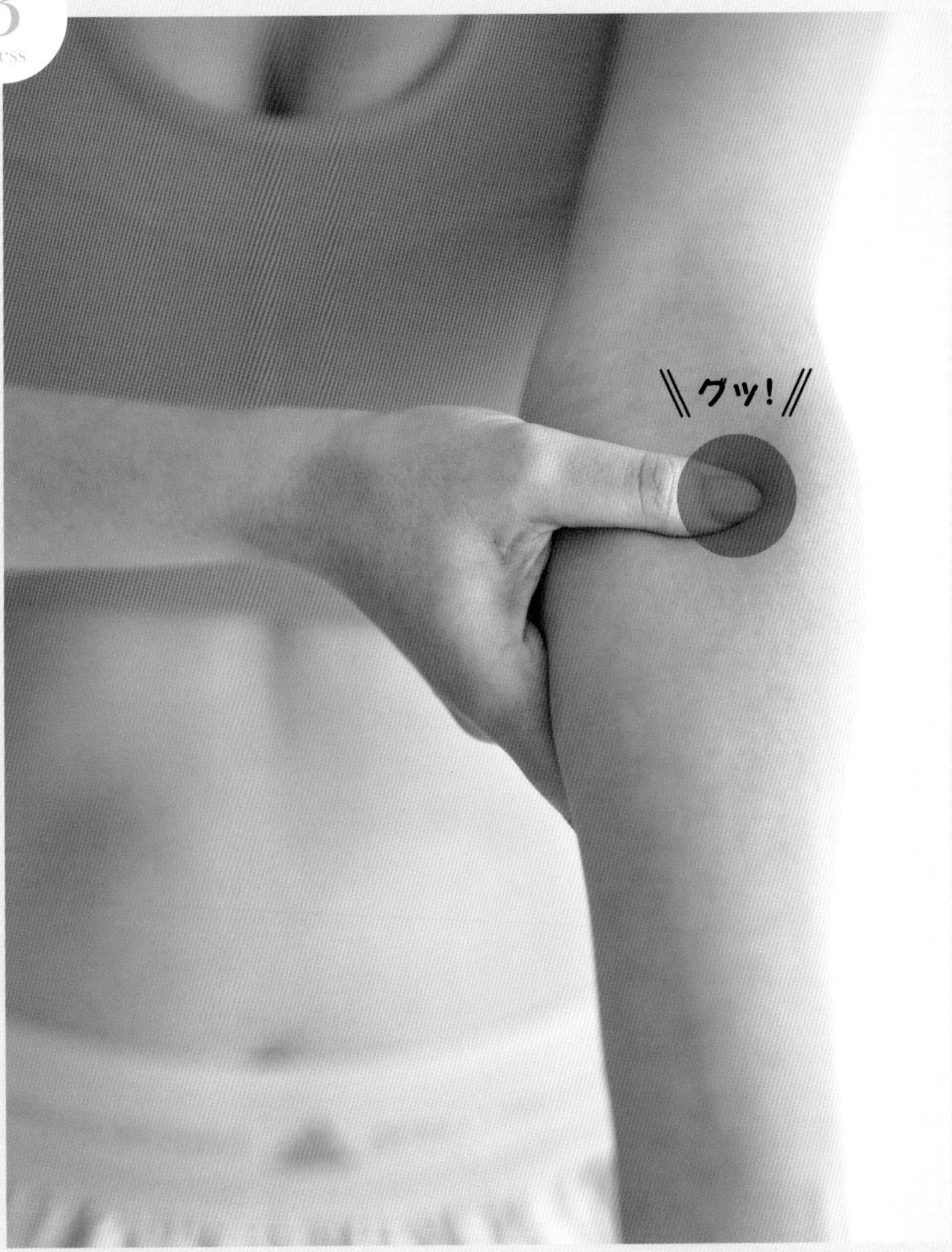

Step 2

デスクワークでキーボードを打つ動作や、スマホをもったり、腕の内側の筋肉は意外とこっています。腕が硬いと二の腕に脂肪がつきやすくなるので放っておかず、ほぐしてあげましょう。

腕の内側を押す やり方

ひじの内側から手首のほうに向かって腕の前腕筋を押していく。左右3セットずつ行ってください。

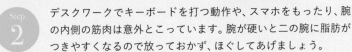

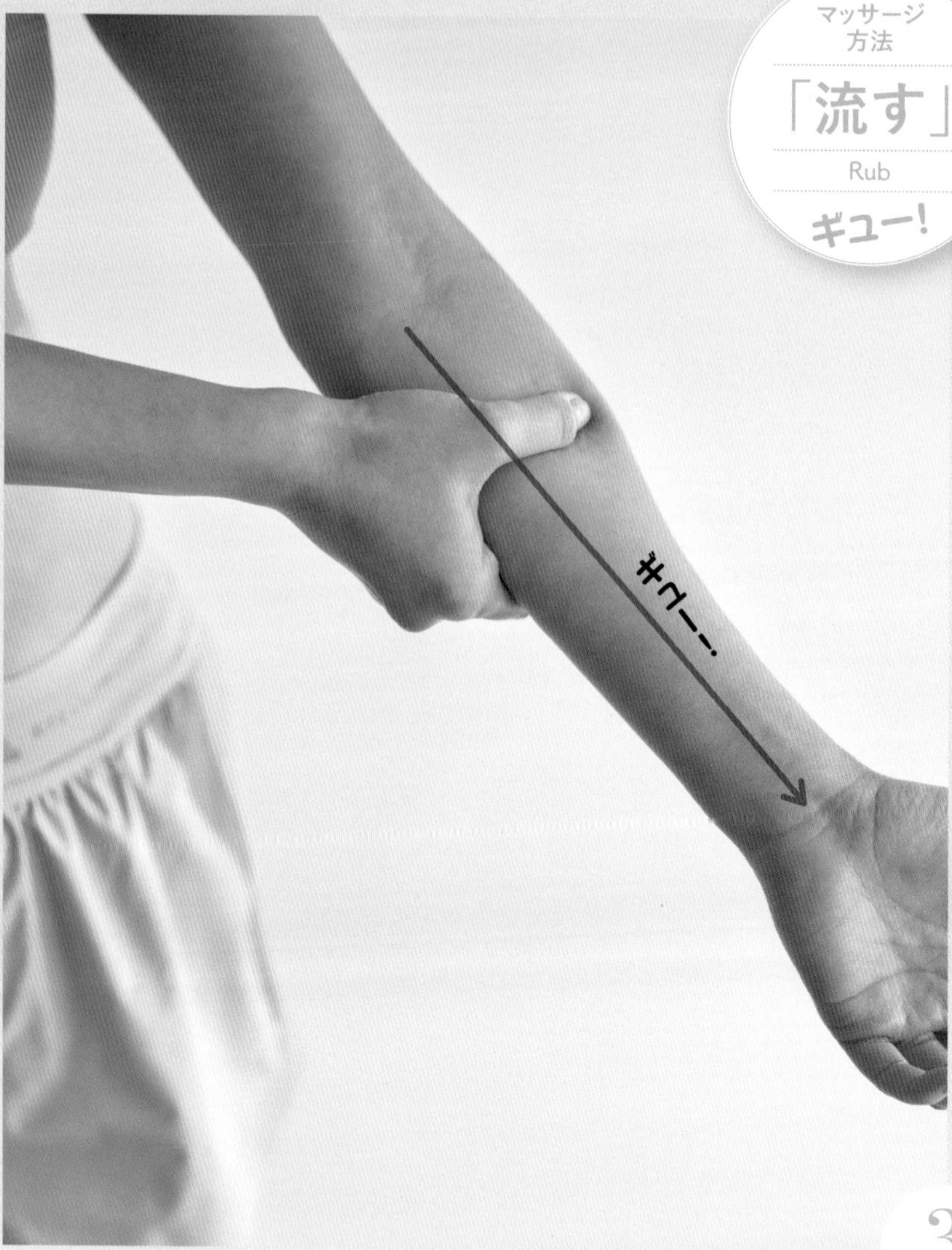

Step 1 腕の前側を圧力を加えながら押し流しましょう。

☞ 腕の前側を流す やり方

腕の前側をつかみ、親指でひじから手首のほうに向かって圧力を加えながら流します。両腕3回ずつ行ってください。

3
Pinch

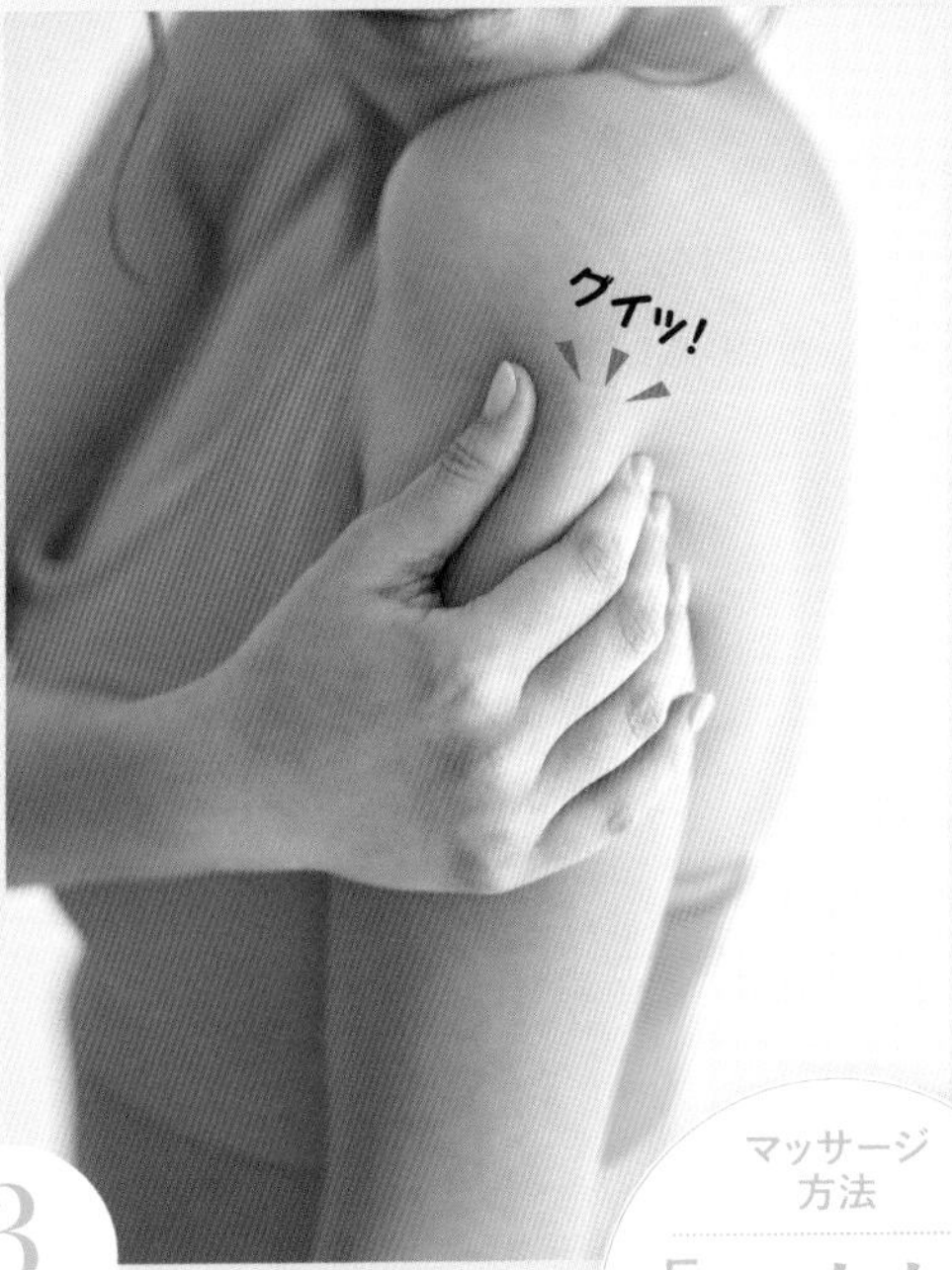

Step 1

肩の付け根には「三角筋」という筋肉が覆うようについています。猫背や巻き肩で生活していると三角筋が硬くなるのでつまんでほぐしましょう！肩こりにも効果的です。

☞ 肩周りをつまむ やり方

肩周りの筋肉をつまんで離すを繰り返し、両肩3セットずつ繰り返しましょう。

マッサージ方法

「つまむ」

Pinch

グイッ!

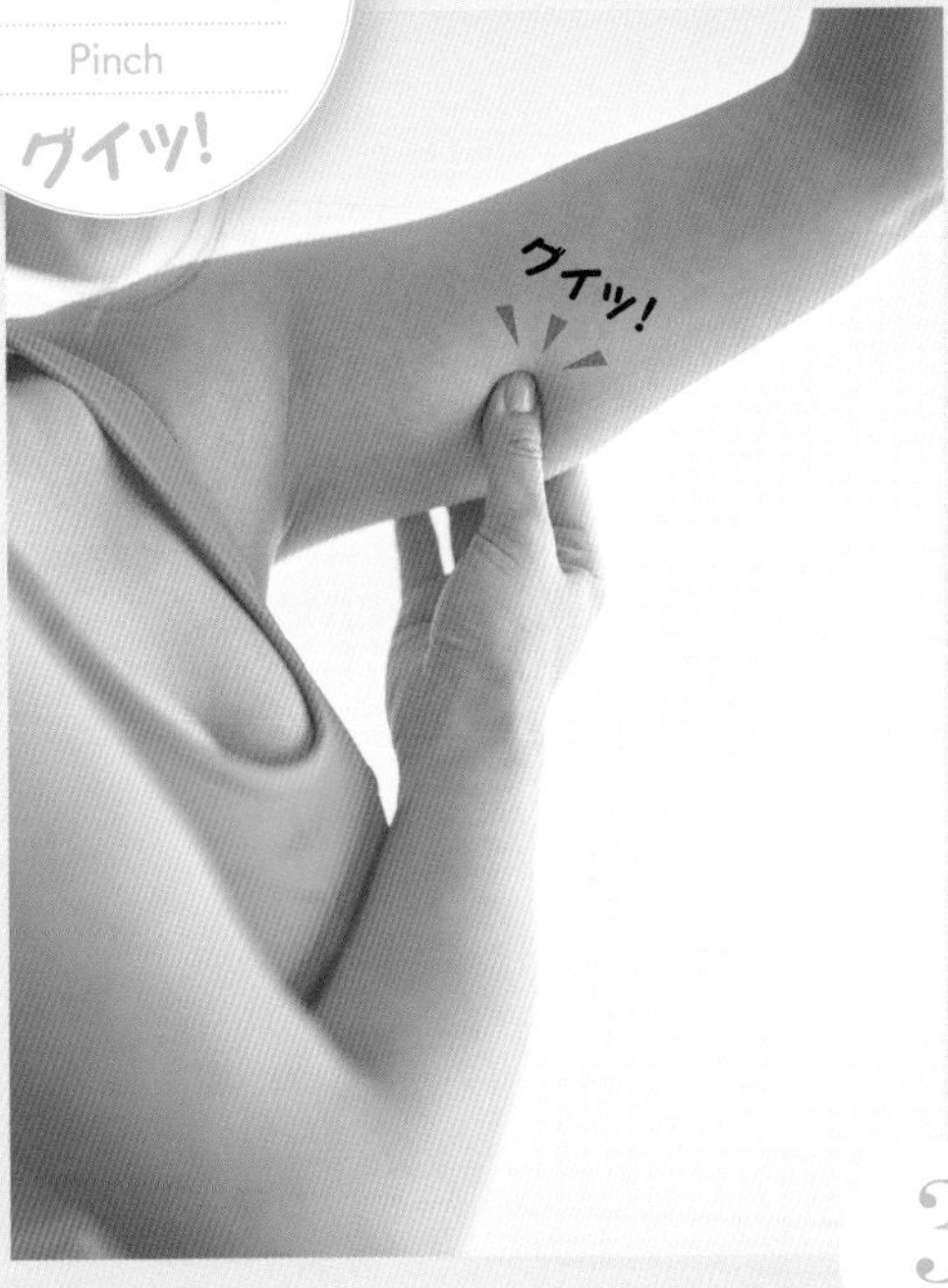

Step 2

二の腕の脂肪をつまんでセルライトを流しましょう！ 続けることが大切なので、通勤時間やお風呂に入りながらなど、気になったら脂肪をつまんでほぐしてあげてください。

☞ 二の腕をつまむ やり方

下から上に向かって二の腕全体をつまんでほぐします。両腕3回ずつ行ってください。

3
Pinch

6 二重あご、ほうれい線をキュッとリフトアップ！小顔マッサージ！

スマホを見たり、デスクワークなどで首や顔が前に出てしまうような
姿勢をとっていると、首の前やあご下に余分な脂肪が蓄積し、二重あごの原因に。
顔の皮膚は他の場所に比べて薄いので、顔のマッサージは短時間で、
力を入れすぎないように行いましょう。

マッサージ方法
「押す」
Press
グッ！

3
Press

Step 1 あご下にあるくぼみを押し、あご下のめぐりをよくすることで、フェイスラインが引き上がり、二重あご改善！

☞ あご下を押すやり方

顔を少し上げ、両手の親指でグッと痛気持ちいいくらいの強さであご下のくぼみを5秒間、3回押します。爪が長い人は、親指を曲げ、カギ状にして押しても◎。

3
Press

Step
2

鎖骨にあるリンパ節は、全身のリンパの最終出口です。滞ってしまうと老廃物がたまり、顔のむくみの原因になります。鎖骨のリンパの流れがいいとデコルテのむくみがとれ、鎖骨がスッキリし、華奢に見える効果も。

☞ 鎖骨の凹みを押す やり方

指を使ってグッと鎖骨のくぼみを押してください。左右3回ずつ行ってください。

Step
3

表情筋をほぐすことで口角が上がりやすくなり、若々しくてハッピーな印象に!

☞ 口角からあごに向かって押す やり方

口角からあごに向かって人差し指を使って少しずつ位置を下げながらあごまで押していきます。

3
Press

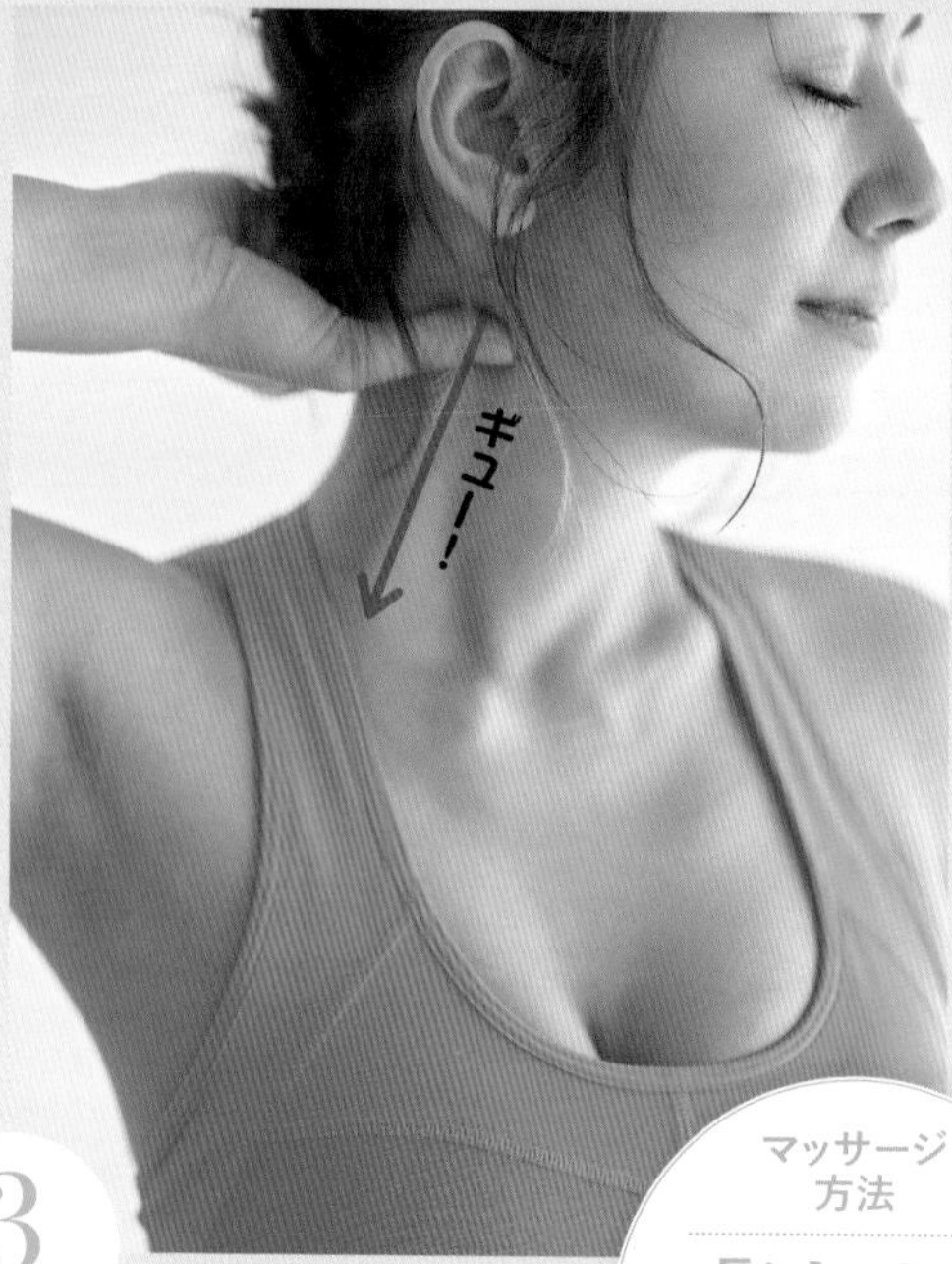

3
Rub

Step
1

パソコンやスマホを長時間見ていると、首の筋肉がこり固まり、顔のむくみの原因に。首の側面を流して、むくみや二重あご、首のシワもスッキリ!

☞ 首を押し流す やり方

首の側面を親指をつかってギューッと圧力を加えながら、耳の下から首の付け根まで流しましょう。左右3回ずつ行ってください。

マッサージ方法

「流す」

Rub

ギュー!

Step
2

あごの下から耳の下までのフェイスラインを引き上げるようにマッサージし、リンパを流しましょう!

☞ フェイスラインを流す やり方

フェイスラインを指で挟み、あごからエラに向かって左右10回ずつ滑らせるように流します。顔の表面よりも、あご裏を強く押し流すのがポイントです。

10
Rub

マッサージ
方法

「つまむ」

Pinch

グイッ！

3
Pinch

Step 1 あご下の脂肪をつまんで、あご下をスッキリさせましょう！

☞ あご下をつまむ やり方

あごの肉を指でしっかりつまんで離すを繰り返し、あご下を全体的に揉みほぐしましょう！全体的につまむを3セット行ってください。

太もも の 前側ほっそり 7

太ももの前についた余計な脂肪や
パンパンに張ったハリをほぐして
ミニスカートの似合う美脚を目指しましょう！

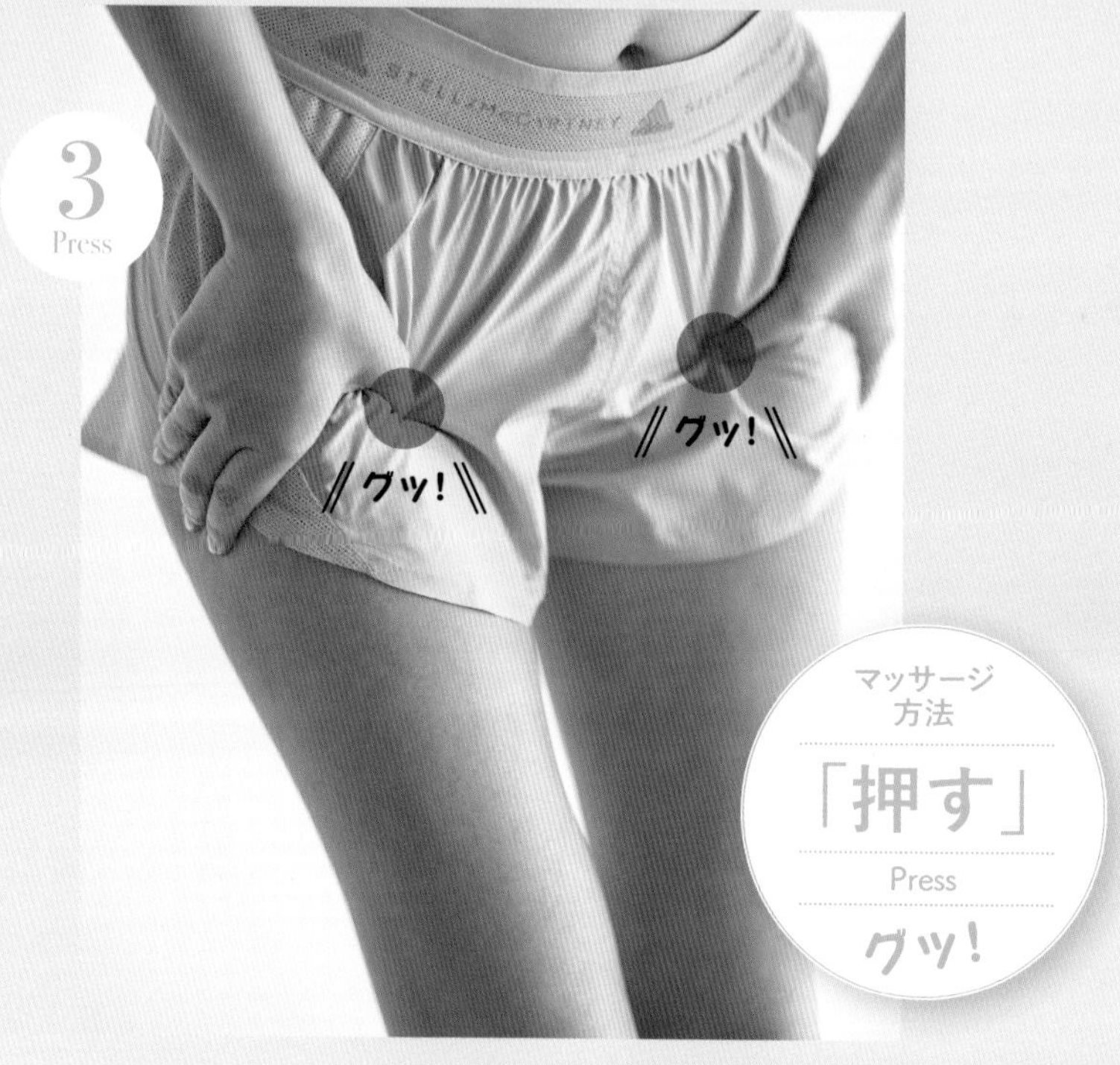

Step 1

脚の付け根にあるそけい部は脚のリンパと上半身のリンパをつなぐ大切な場所。リンパ節を開くように押しましょう！

☞ そけい部を押す やり方

そけい部に親指をあて、左右3回ずつ、息を吐きながら押してください。

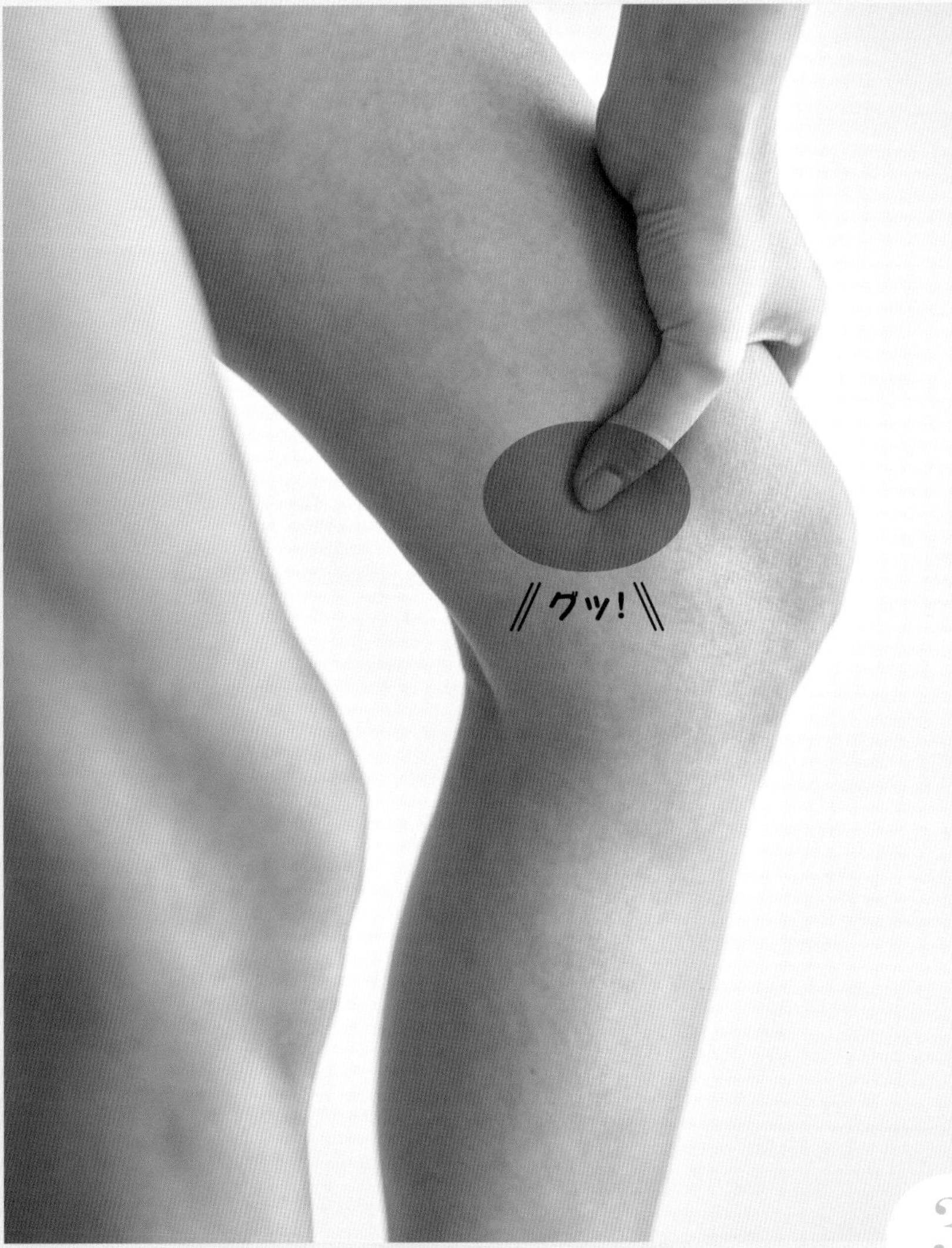

3 Press

Step 2 ひざの内側を全体的に押して血行をよくしましょう。

☞ ひざの内側を押す やり方

ひざの内側を全体的に押す。左右3セットずつ。

マッサージ
方法
「流す」
Rub
ギュー!

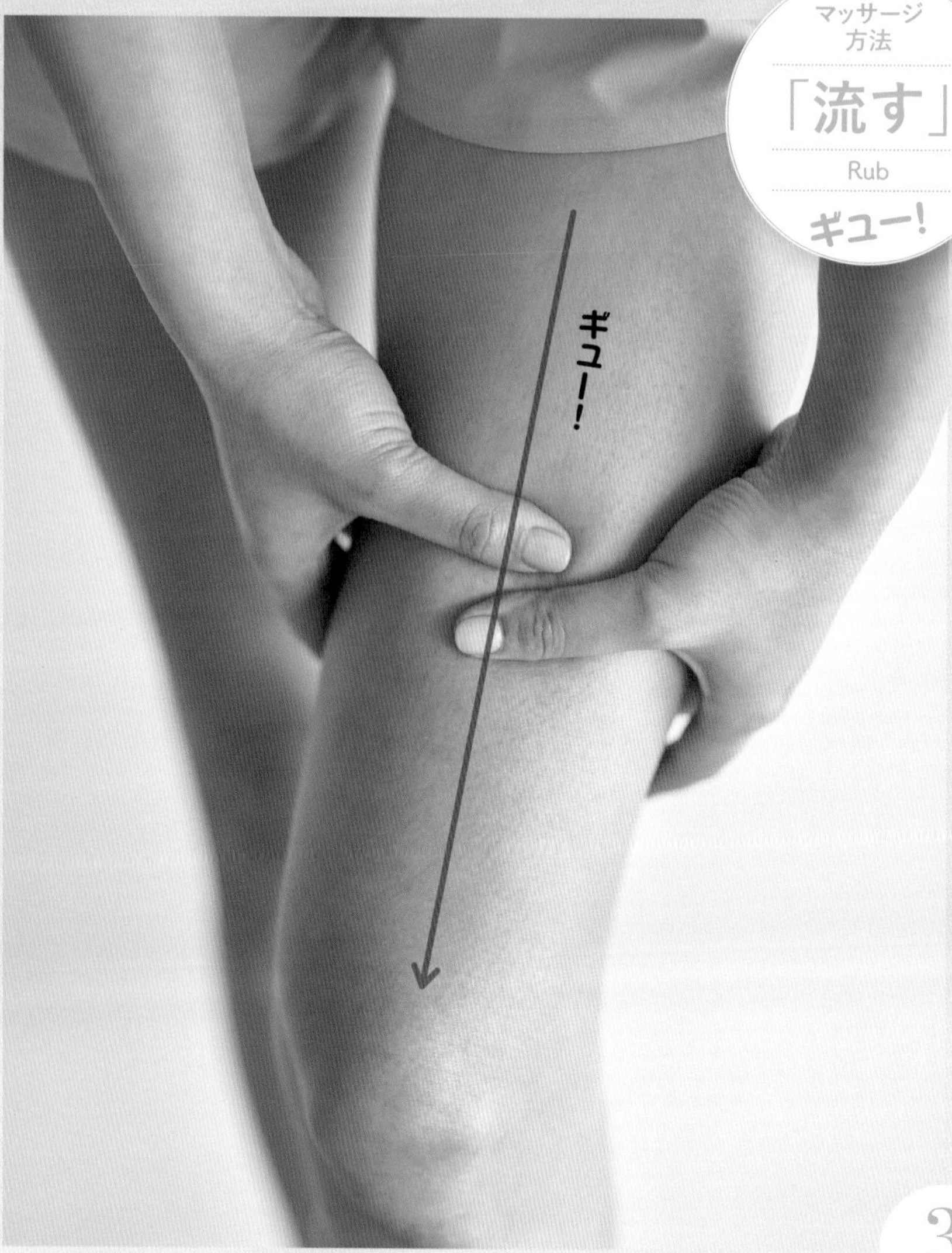

3
Rub

Step 1

太ももの前側が硬いとひざ上に脂肪がつきやすくなります。太ももの前側を押し流して硬さをとりましょう!

☞ 太ももの前側を押し流す やり方

両手を使って、圧力を加えながら上から下へ押し流しましょう。左右3セットずつ行ってください。

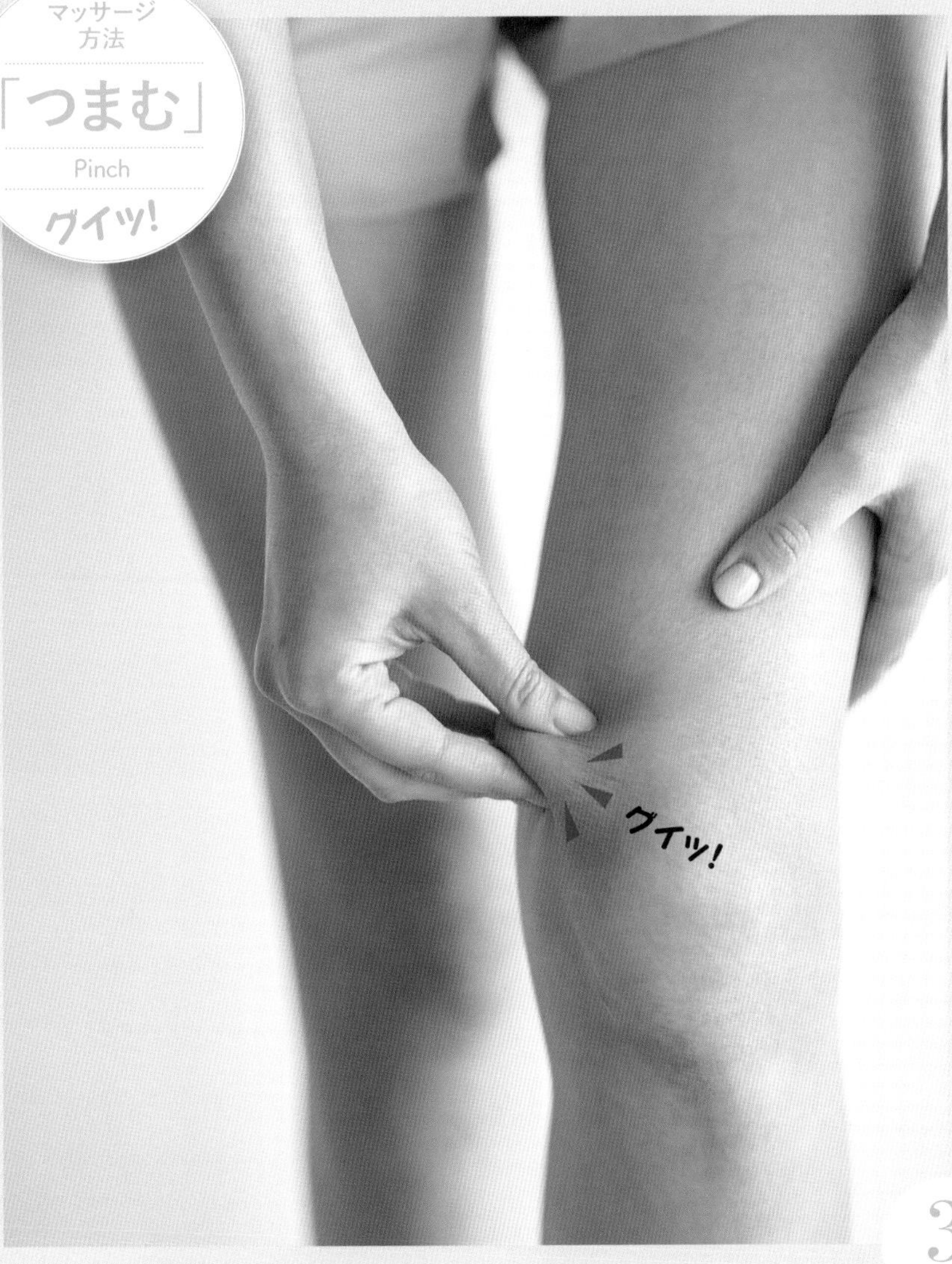

3
Pinch

Step 1

歳を重ねるにつれ、脂肪のつきやすいひざ周り。

ひざ周りの脂肪をつまむ やり方

ひざ周りの脂肪を内側から外側までまんべんなくつまんでほぐしましょう。
両ひざ3セットずつ行ってください。

8 内ももスッキリ

なかなか痩せにくい内もも。女性はとくに下半身がむくみやすく、
むくみを放っておくとセルライトになり、
脂肪がつきやすくなってしまいます。
セルライトの多い部分は特に痩せにくいので念入りにマッサージしましょう。

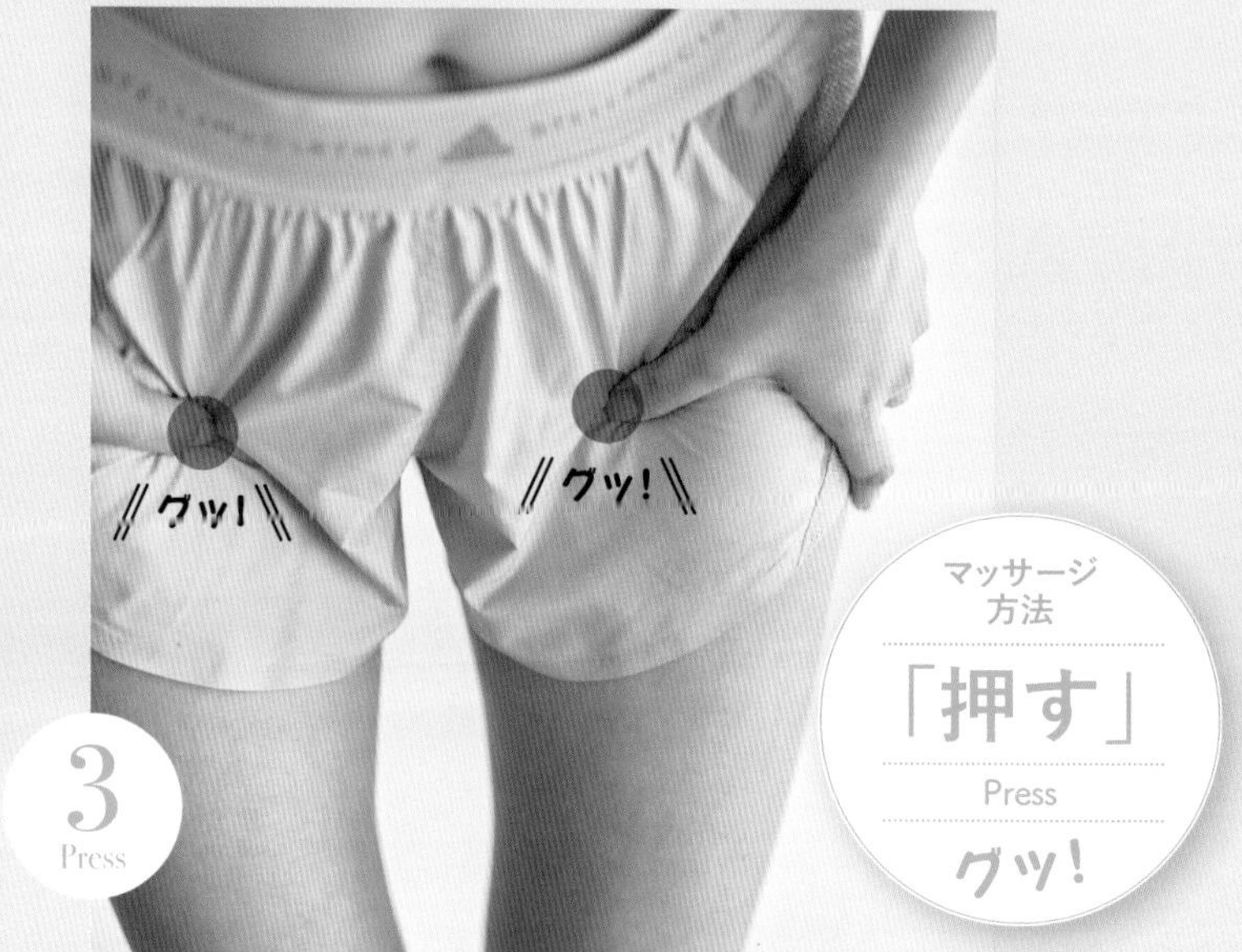

Step 1

そけい部を押します。そけい部は足の付け根にあり、骨盤のちょうど下の凹んでいる部分にあります。脚のリンパと上半身のリンパをつなぐ大切な場所で、そけい部を刺激することによって全身の血液のめぐりがよくなります。座り姿勢が多い人は硬くなりやすい傾向があります。

☞ そけい部を押す やり方

そけい部に親指をあて、左右3回ずつ、息を吐きながら押してください。

マッサージ方法

「流す」

Rub

ギュー!

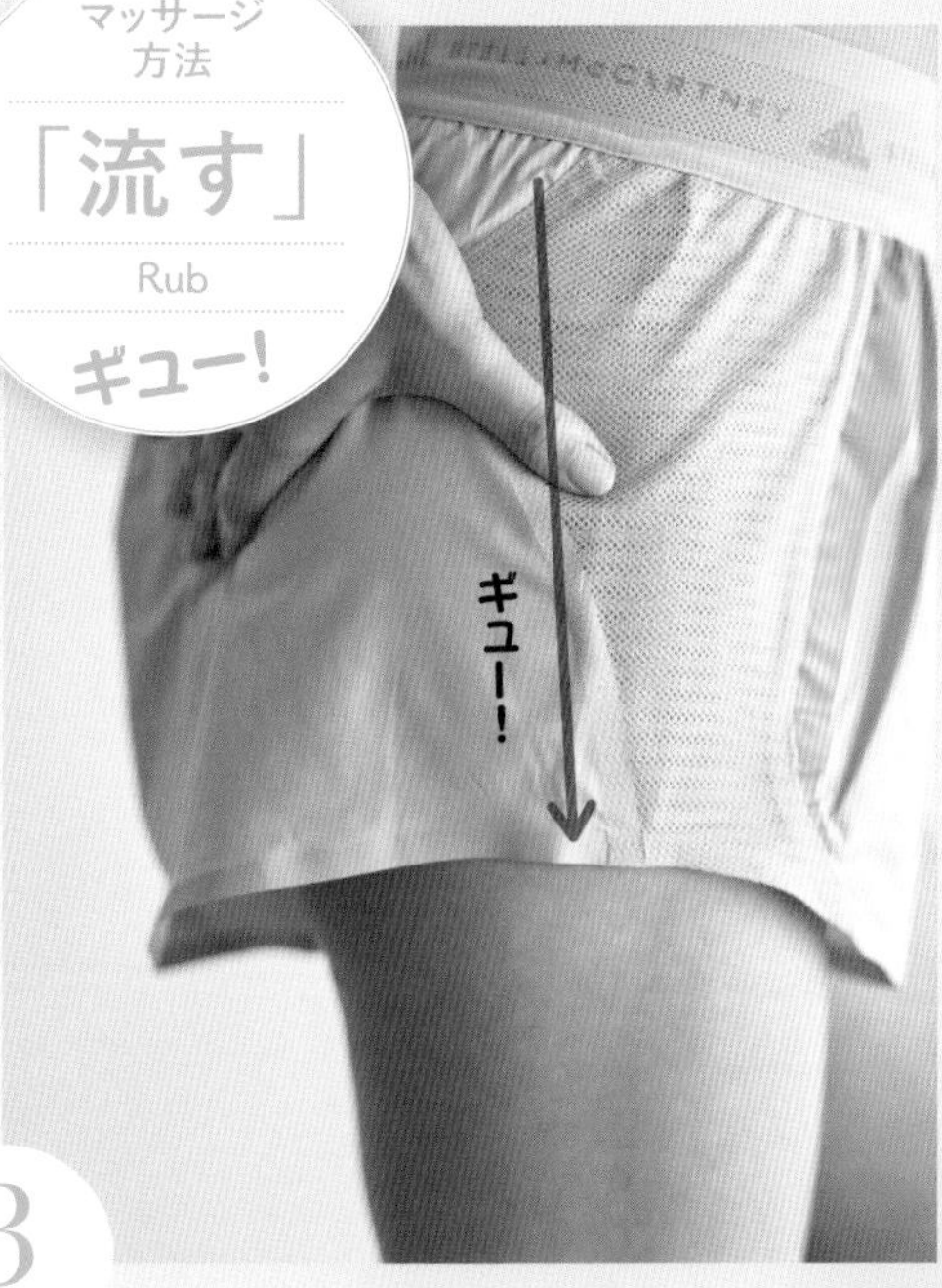

3
Rub

Step 1

座り姿勢の多い方はおしりの外側の筋肉がこり固まり、太ももの内側に脂肪がつきやすくなっているので、おしりの側面をほぐしましょう。

☞ おしりの側面を流す やり方

手のひらか親指を使ってギューッとおしりの側面を上から下へ押し流しましょう。左右3回ずつ行ってください。

3
Pinch

Step 1

内もも全体をつまみ、セルライトやたまっている老廃物を流しましょう。

☞ 内ももをつまむ やり方

内ももをグイッとつまんで離すを繰り返し、全体的に揉みほぐしましょう。左右3セットずつ行ってください。

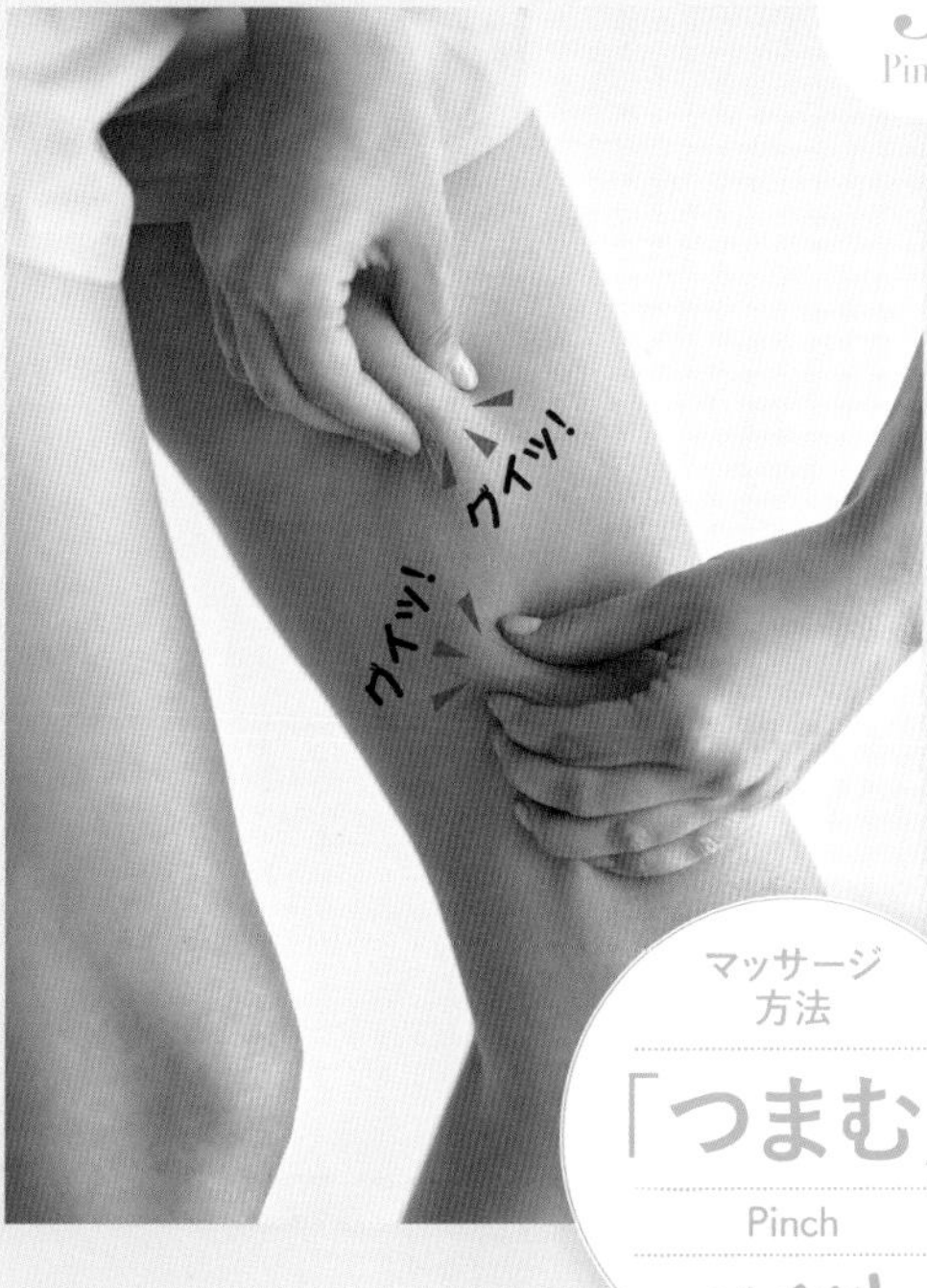

マッサージ方法

「つまむ」

Pinch

グイッ!

9

ほっそりふくらはぎで スカート美人

美脚になるための必須条件はふくらはぎが柔らかいこと!
きちんとほぐしておかないと、どんどん太くなってしまいます。
ふくらはぎは「第二の心臓」とも呼ばれていますが、
心臓から遠く離れている下肢全体の静脈血を心臓に送り返す、
ポンプのような役割があるからです。筋肉の繊維は一本一本が細く、
筋肉がほぐれている脚は細いので、
脚を細くするためにはこり固まった脚をほぐすことが重要です。

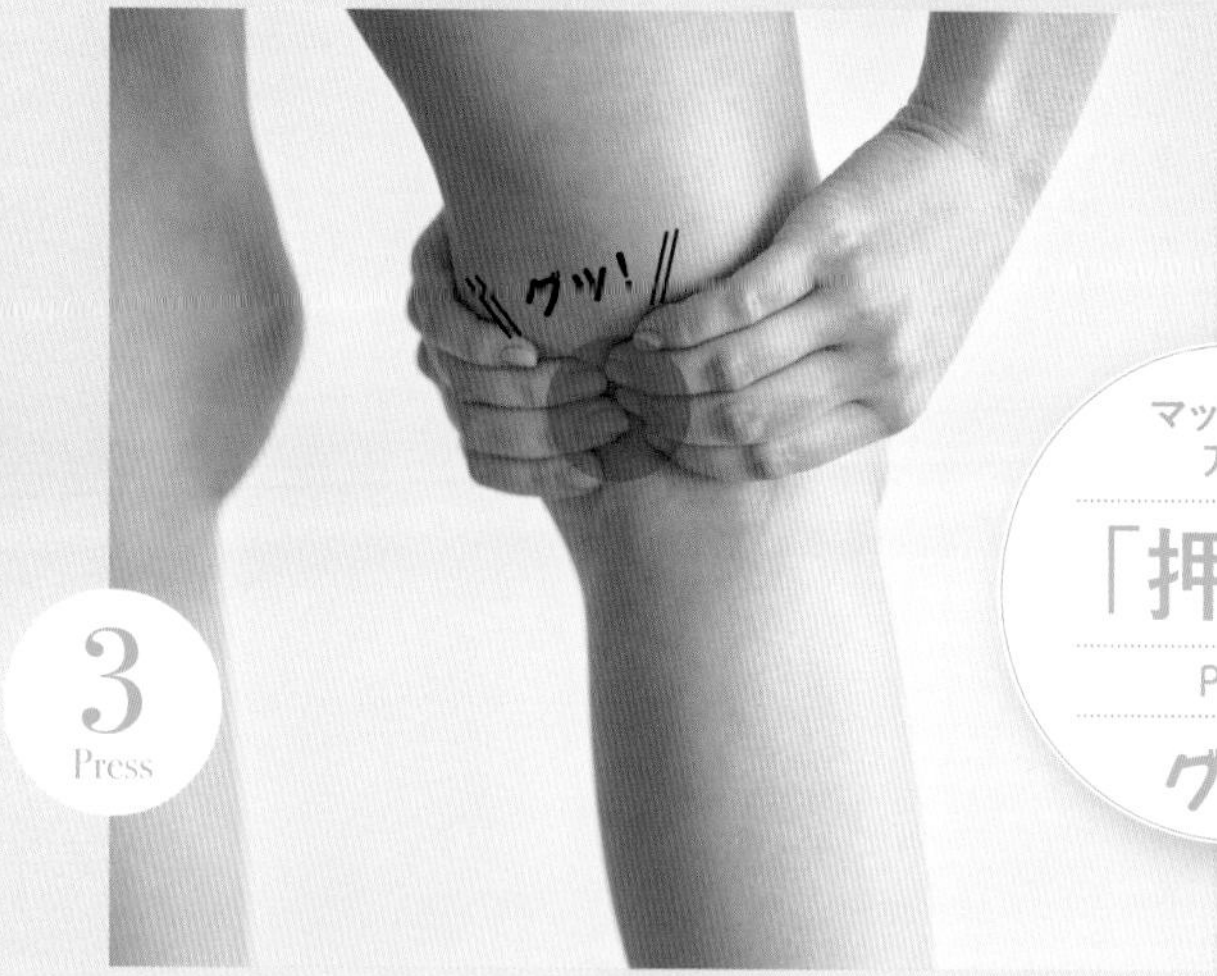

マッサージ方法
「押す」
Press
グッ!

Step 1

ひざ裏は、足先から戻るリンパが最初に通過するリンパ節です。ひざ裏の中央のくぼんでいる部分を押して、滞りがちなリンパを全身に流しましょう! リンパがひざ裏で停滞してしまうと、下半身に老廃物が蓄積され、脂肪がつきやすくなってしまいます。

☞ ひざ裏を押す やり方

両手でひざ裏を包み込み、もち上げるようにグッとひざ裏を押します。座って、ひざを曲げながら親指で押しあげても◎。左右3回ずつ行いましょう。

Chapter 3 —Massage Your Way Into a Better Body— 7 Pressure Points to Boost Your Metabolism

3 Press

Step 2

ふくらはぎを全体的に押して緊張をほぐしましょう。むくみ解消にも◎。

☞ ふくらはぎを押す やり方

両手でふくらはぎを包み込むようにして全体を揉みます。足を曲げ、親指で押しても◎。両脚3セットずつ行ってください。

マッサージ方法

「流す」

Rub

ギュー!

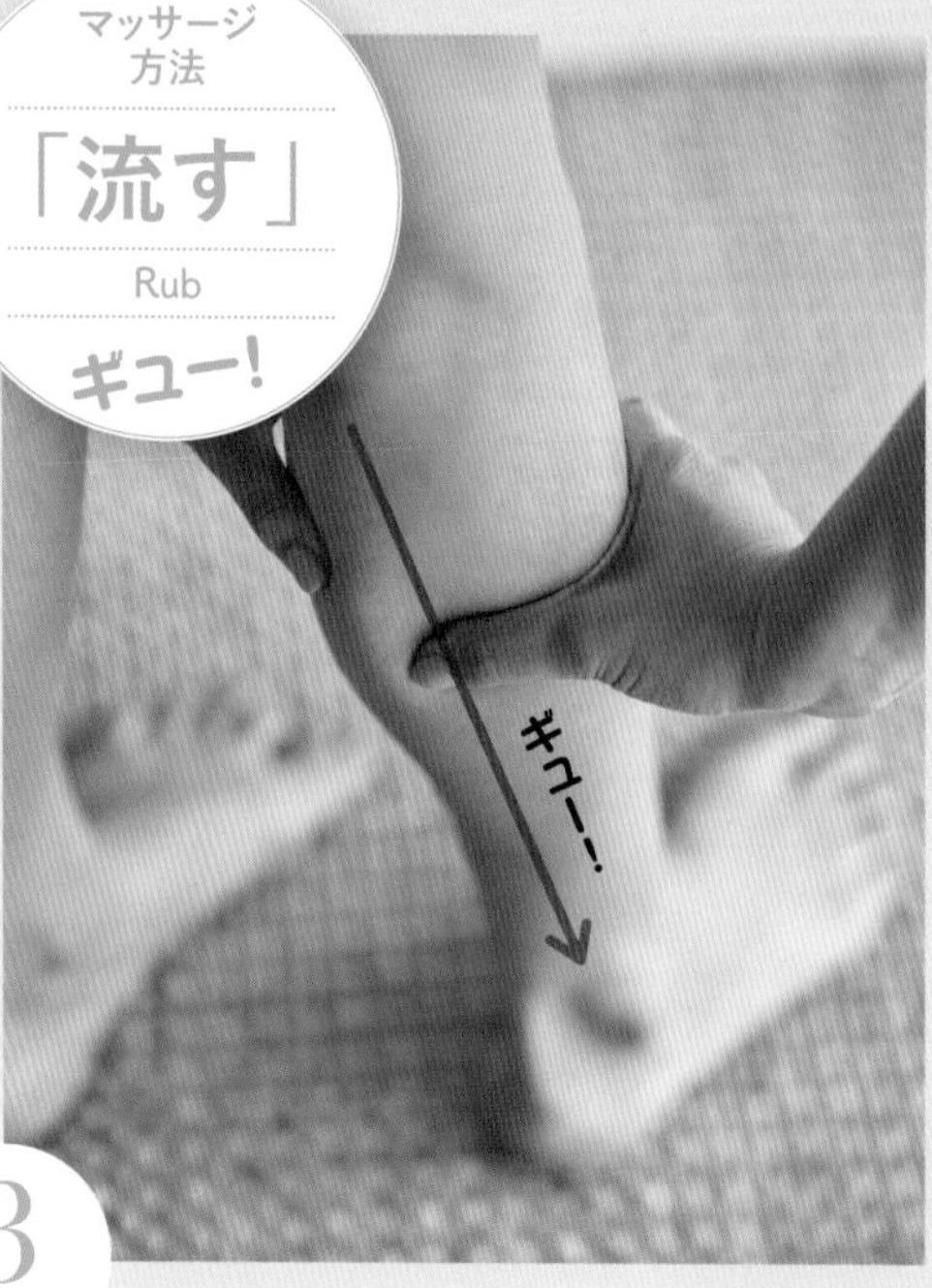

3
Rub

Step 1

ふくらはぎを上から下へ押し流すことで血液とリンパの流れを促し、老廃物を流しましょう。むくみ解消にも効果的です。

☞ ふくらはぎを押し流すやり方

両手の親指を使って圧力を加えながら上から下へ押し流してください。両足3セットずつ行ってください。

3
Pinch

Step 1

ふくらはぎの内側を全体的につまんでむくみやたまった老廃物を排出。

☞ ふくらはぎの内側をつまむやり方

ふくらはぎの内側をひざから少しずつ下がっていって、足首まで全体的につまみながらほぐします。両脚3セットずつ行ってください。

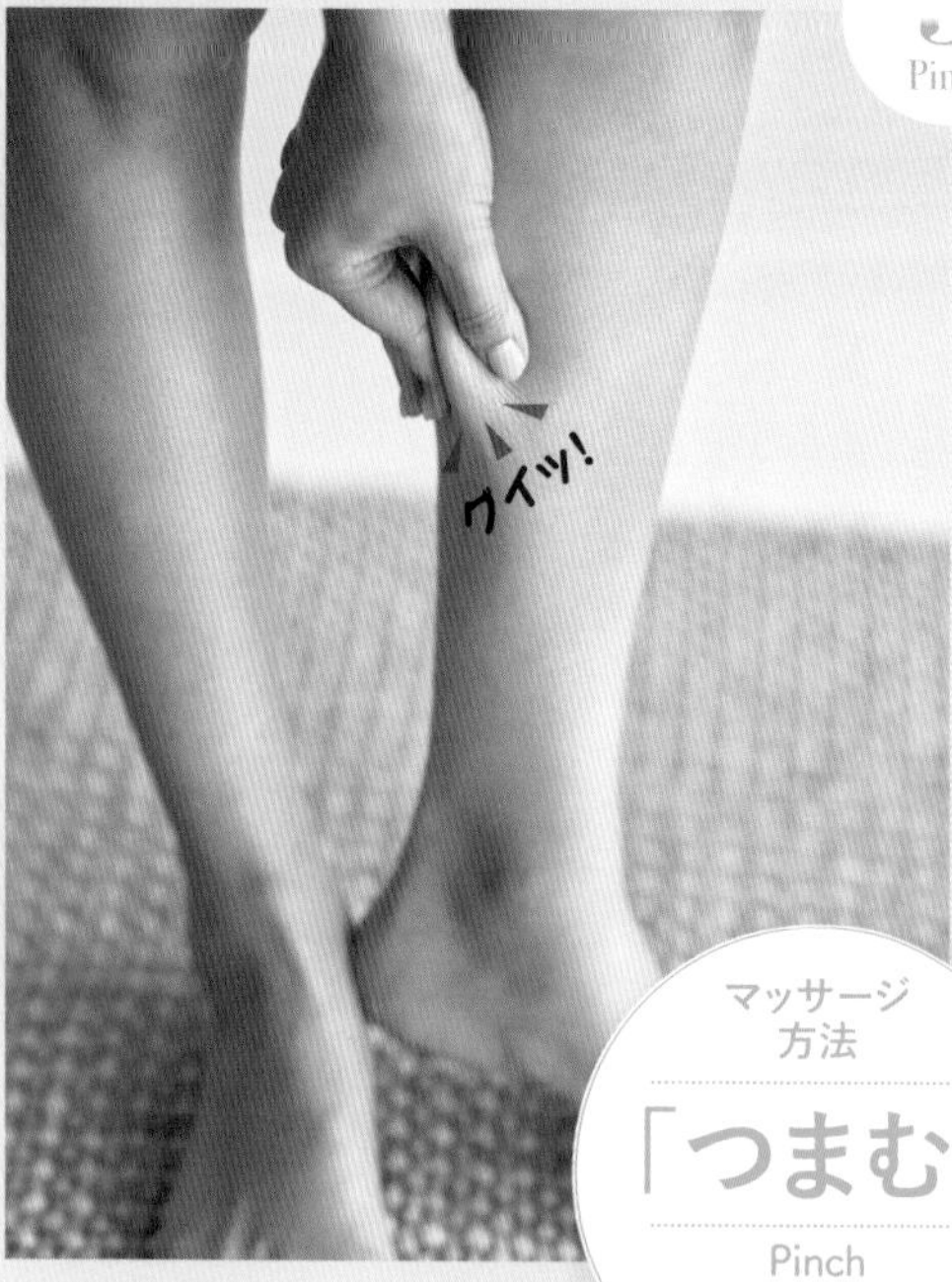

マッサージ方法

「つまむ」

Pinch

グイッ!

Chapter

4

食べすぎも
食べないのもダメ!
女性らしい体を
作る食事

How To Eat To Get Curves In The Right Places

01

Why Over-Exercising Prevents Weight Loss

食べないダイエットは胸から痩せてしまう

How to Lose Weight and Keep Your Breast Size

食事制限だけのハードなダイエットはもう古い！「ダイエット＝痩せる」と思っている方は多いと思いますが、そうではなく、ダイエットとは体を整え、食を整え、自分の体と向き合うことです。根本的に健康になると体の調子がよくなり、心もハッピーになるなど、人それぞれの相乗効果があります。

ダイエットをするなら、女性らしさを失わないように、胸はキープしたまま、落としたい部分だけ落とし、キレイに痩せたいですよね。だけど、ダイエットで胸が小さくなってしまうのは仕方のないことだと思っていませんか？

食事制限によるダイエットにはさまざまな胸が小さくなってしまう要因がありますが、**胸が小さくならずにダイエットする方法はあります！**

まず**大切なのは、体を冷やさないことです。**腰回りや太ももの外側など、贅肉のついている体の箇所を触ると冷えて硬くなっているのがわかると思います。人間の脂肪はステーキの脂身やバターに似ていて、冷えると固まり、温めると柔らかく溶ける性質があるため、心臓に近い胸は温かく、冷えている痩せたい部分の脂肪よりも先に燃焼されやすいというのが、胸から痩せてしまう原因の一つです。

胸痩せを防ぐためには、全身を温めることと、落としたい部分の冷えをとるマッサージを行うことがおすすめです。それと、胸周辺の筋肉のケアをすることも大切です！鎖骨やわきの下を通っている大きな血管が胸への栄養を届けているのですが、その周辺の筋肉が硬くこり固まっていると血行が悪くなり、胸に栄養が届けられなくなってしまいます。鎖骨、脇の下、横隔膜の3ポイントを刺激し、筋肉をほぐすマッサージで硬さをとり、筋肉の状態を整えれば胸痩せを防げます。

胸のサイズを大きくすることはできないですが、**マッサージで二の腕を細くし、くびれを作ることで胸が大きく見えます。**そして、胸がたれてしまう原因はクーパー靭帯が伸びてしまうことによって起きるので、胸が揺れないようにすることと、睡眠時にナイトブラを着用し、下垂を防ぐことが大切です。

そして、**無理な食事制限は絶対ＮＧです。**栄養不足で細胞を作り出す力が足りなくなると脂肪細胞が縮小したり、バストを支えるクーパー靭帯が衰えて弱くなったり、バストの皮膚が乾燥してハリやボリュームが失われ、バストがしぼんでしまうのです。

ダイエット中でも、極端な食事制限をせずに、

バランスのよいヘルシーな食事を心がけてください。そして胸の周辺の筋肉ケアを行い、しっかりと胸にも栄養を行き渡らせ、細くしなやかな、女性らしいメリハリボディーを作りましょう。

02

(Why Over-Exercising Prevents Weight Loss)

朝はデトックスのゴールデンタイム

全免疫細胞の6割以上が腸にあり、さらに幸せホルモンと呼ばれるセロトニンの95%は腸で作られていることはご存知でしょうか？ 腸を休ませる時間を作ることで、腸が元気になり、免疫力アップ&デトックスパワーが倍増します。 腸内環境が良好だとセロトニンが増えるので精神状態が安定、幸せを感じる力が高まります。

Intermittent Fasting - Why Skipping Breakfast Is Your Key to a Lean and Healthy Body

私は体重を落とす目的というよりは、毎日フル活動している胃腸を休ませ、体をリセットするために年に1～2回、3日間のファスティング（断食）をします。

ファスティング中は固形物を食べずに、必要最低限のカロリーとミネラルを補給するためにコールドプレスジュースや薬草の酵素ドリンクを飲みます。ノンカフェインであればルイボスティーやハーブティーも飲んで大丈夫です。3日間のファスティングが終わったら、同じ日数か少し長めの日数、回復食を食べながら少しずつ食生活を戻していきます。

食べないと元気が出ないと思うかもしれませんが、断食をするとむしろ元気になります！**普段の生活で酷使している胃腸を休め、体にたまってしまった防腐剤や食品添加物をデトックスすることで、本来の働きを取り戻すことができ、体脂肪が減るだけでなく、よく眠れるようになりますし、目覚めがよく、集中力もアップします！**そして肌の調子もとてもよくなります。私が断食を始めて一番驚いたことは、花粉症の症状がほとんどあらわれなくなったこと。免疫力が上がり、花粉症の症状が緩和したのです。

「3日間の断食」はハードルが高いと思う人は、朝食を抜くことをおすすめします。

朝は「排泄（デトックス）」の時間。昼は「消化、栄養補給」、夜は「吸収」の時間です。体にたまったいらないものを出す「デトックスのゴールデンタイム」である朝の時間に朝食をしっかりとってしまうと、体は消化することに忙しくなってしまいます。

朝起きた直後は体温が低いので、私は起きたらまず最初に白湯を飲んで、体を内側から温め、血液のめぐりをよくして、ゆっくり腸を目覚めさせます。白湯を飲んだ後は、薬草の酵素ドリンクを一杯飲みます。酵素は有害な毒素や老廃物の排泄を促す役割があるので、酵素をとることによって、デトックスパワーがアップします。**朝食を抜くだけでも、14〜16時間ほど胃腸が休まるので、きちんといらないものを排出できます。**

完全に朝ごはんを抜くのが難しければ、果物を食べるのもいいです。果物には酵素や食物繊維、ビタミン、ミネラルが豊富に含まれており、さらに糖質が比較的少ないキウイやグレープフルーツ、ベリー、アボカドなどはおすすめの果物です。

「最近疲れやすいな〜」と感じたら、生まれたときからずーっと動かし続けている胃腸を少しでも休ませる時間を作って体のお掃除をしましょう！

03

Why Over-Exercising Prevents Weight Loss

カロリーを抑えるだけでは痩せません。食事はバランスよく

Forget About Counting Calories, Just Eat Healthy & Right

「カロリーを抑えれば痩せる」と考え、カロリーを気にされている方は多くいらっしゃいますが、カロリー計算は全く必要ありません。カロリーを気をつけても痩せられないこともたくさんあります！ 食事はバランスよく食べるのがダイエット成功の秘訣です。

ダイエットをしている人なら一度はカロリー計算をしたことがあるという人は多いと思います。私もその一人でした。食べたものや飲んだものを全て書き出し、摂取カロリーを計算し、さらにその日の消費カロリーも計算。1日1200キロカロリーに抑えた食事を心がけながら、摂取カロリーよりも消費カロリーが上回るように気をつけていました。

カロリー計算をする良い点としては、毎日数字の管理をすることによってダイエット意識が途切れず、モチベーションが維持できるということはあると思いますが、体重が落ちて、結果が出たからといって食事内容が体のためになっているとは限りません。**大切なのは、カロリーを気にするのではなく、食事の質を重視することです。**

私はカロリーを計算することばかり気にしていたので、食べたものの内容はあまり気にしていませんでした。甘いものが食べたくなったら、夜ご飯の代わりにケーキを食べたり、自炊できない日は手軽なコンビニのおにぎりで食事を済ませたり。

カロリーを気にしすぎてカロリーゼロのドリンク、ノンオイルドレッシングのサラダなど、低カロリーのものを中心に食事を選んだりもしましたが、これでは栄養のバランスが崩れてしまいます。結果、代謝が落ちたり、むくんだり、余計に痩せにくくなってしまいました。

なるべく栄養のあるものを選んで、細胞が元気になる食事をすることが大切です。人間の体は様々な細胞の集合体でできているというお話をしましたが、その細胞一つひとつに栄養がいきわたるように、生命維持に必要なエネルギーの「炭水化物」「たんぱく質」「脂質」の三大栄養素をそれぞれバランスよく摂取するようにしましょう。

ダイエットをするとき、真っ先に炭水化物をカットしようとする人が多いですが、炭水化物は「糖質」と「食物繊維」を合わせたものです。炭水化物の中の食物繊維は排泄されるので体内には残りません。糖質は、消化・吸収されブドウ糖となり、血液を通って全身に運ばれ、エネルギーとして活用されます。ところが、すぐに使う量以上の糖質をとると、余分なブドウ糖が脂肪に変わり、体脂肪として蓄えられてしまいます。

ダイエットをするときに知っておかないといけないことは、糖質には「良い糖質」と「悪い糖質」があるということです。良い糖質とは、消化と吸収に時間がかかり、食後血糖値の上昇が緩やかなものです。逆に悪い糖質とは、精製された砂糖や合成された甘味料など、血糖値をすぐに上げるもの。血糖値が急激に上がると、血糖値を下げるために大量のインスリンという物質が分泌されます。インスリンには、使いきれなかった糖を脂肪に変えて蓄える働きがあり、大量に分泌されると、太りやすくなってしまうのです。生きていくために欠かせないエネルギーである炭水化物の栄養をゆるやかに吸収するためには、なるべく精製度の低い食品を選ぶのがおすすめです。パンを食べるなら小麦粉より全粒粉、うどんより蕎麦、白米より玄米、といったように、精製度の低い食品のほうが繊維を多く含み、血糖値が急激に上がる心配はありません。

そして量は、**一回の食事で自分の握りこぶし一つ分までにしてください。**ご飯でも麺類でも、自分の握りこぶし一つ分までだったら、血糖値が急激に上がる心配はありません。また、食べる順番を意識するのも血糖値を上げないための賢い食べ方です。野菜に含まれる食物繊維は糖質の吸収を抑えてくれる効果があるので野菜を先に食べるのが◎。

おすすめの食べもの

Recommended foods

脂質

Oil

食べる美容液！良質なオイル

脂質は、細胞膜、そして女性ホルモンの大切な原料です。ダイエット中に不足しがちな脂質は良質なオイルから摂取するのが◎。特に「リグナン」というファイトケミカルが含まれている亜麻仁油がおすすめ。リグナンは女性ホルモンの働きをサポートしてくれます。熱に弱い亜麻仁油やえごま油は加熱せず、サラダのドレッシングや、料理の仕上げにかけて食べ、加熱調理する場合はオリーブオイル、こめ油、アボカドオイルなどがおすすめです。

例：アボガドオイル・オリーブオイル・ココナッツオイル・亜麻仁油など。

たんぱく質

Protein

美肌に欠かせないたんぱく質

肌はもちろん、爪や髪、骨、筋肉、血液、ホルモンに至るまで私たちの体に必要不可欠な栄養素。アミノ酸がバランスよく含まれた良質なたんぱく質をとることが大切です。ハムやソーセージなどの加工食品は加工するために使われる食品添加物が体内に蓄積され、体の酸化などにつながる恐れがあるので、おすすめできません。私はあまりお肉を食べないので、豆腐や豆類、ナッツをよく食べますが、お肉やお魚を食べる場合は生のものをなるべくシンプルに調理するのが◎

例：魚介類・有精卵の卵・ナッツ・豆類など

ミネラル
Mineral

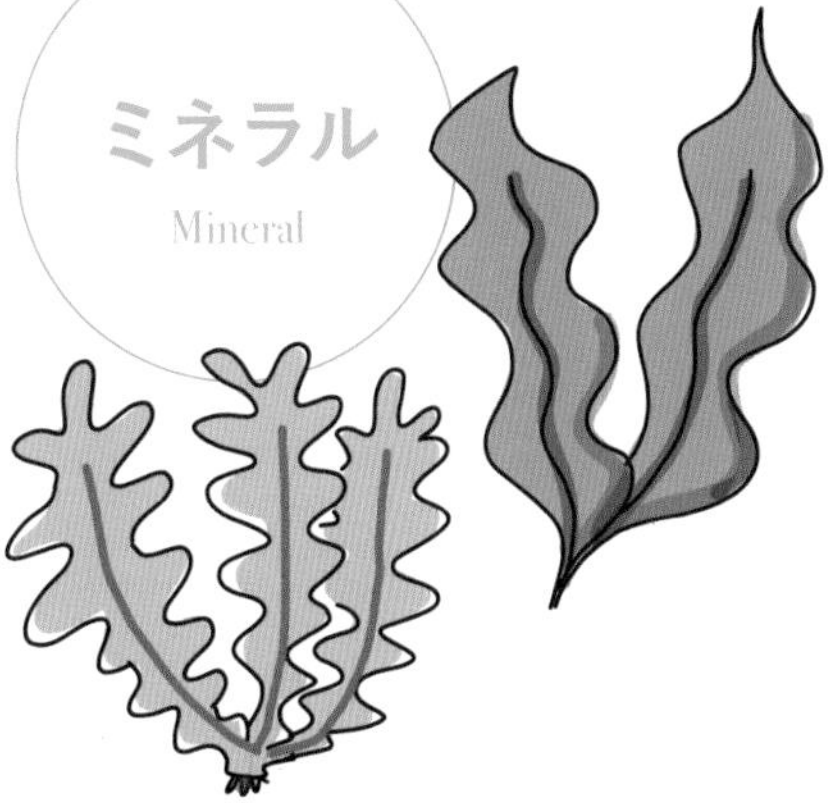

海の恵みを利用し、免疫力アップ！

「Sea Vegetable（海の野菜）」と言われるほど栄養豊富な海藻。ワカメや昆布、もずくなどのぬめりの部分には「フコイダン」という水溶性の食物繊維が多く含まれています。これは、強力な免疫賦活（めんえきふかつ）成分。弱った免疫力を回復してくれます。そして血糖値の上昇を抑える効果もあり、脂質の吸収を抑え、不要な成分を体外に排出してくれます。

例：ワカメ・のり・ひじき・昆布など

抗酸化習慣で老化にブレーキ！

ビタミン
Vitamin

野菜に含まれるビタミン・ミネラルは細胞を活性化し、酸化を防止してくれます。不足すると、肌荒れや、老化が進んでしまううえに、痩せにくい体に。体をサビさせないためにも、抗酸化作用のある栄養素を野菜から摂取！

例：アスパラ・ブロッコリー・トマト・えだまめ・きのこなど

酵素
Enzyme

日本のソウルフードで腸活！

腸内環境を整え、スムーズな排出を促してくれる酵素。豆腐、納豆、味噌、昔ながらの製法で発酵、熟成させた醤油などの発酵食品は、生きた菌が豊富に含まれ、腸内で悪玉菌と戦ってくれます。そして体を温める効果も◎。日本は発酵食品の宝庫です！ 身近な発酵食品でエイジングケアを。

例：味噌・醤油・酵素ドリンクなど

04

(*Why Over-Exercising Prevents Weight Loss*)

甘いものはシミシワになる

The More Sugar We Have, the More Our Skin Starts to Suffer.

血糖値の急上昇&急降下に注意!「甘いものが手放せない」という方は砂糖依存症の可能性も。砂糖には中毒性があるため、無意識に甘いものをちょこちょこ食べている人がいますが、美容にとっては絶対NG。高血糖と低血糖のジェットコースター状態を繰り返すと太りやすくなるだけでなく、肌への負担も大きく、シミシワの原因に。

体が「糖化する」という現象をご存知でしょうか？

糖化とは、食事で過剰摂取した糖質が血液中に余り、その余分な糖質がたんぱく質などと結合し、「AGE」といわれる老化促進物質を生むことです。AGEの恐ろしいところは、肌や爪、髪、血管、筋肉、骨など、私たちの体の多くを構成するたんぱく質を攻撃し、機能を低下させてしまうことです。

たとえば、肌のコラーゲンが糖化しAGEが増えると、茶色いシミやシワができ、肌のハリや弾力が失われ、たるみやすくなります。他にも、髪の毛のハリやコシが失われたり、骨のコラーゲンが糖化すると骨がもろくなります。

食後に高血糖状態が続くと糖化が起きるため、それを防ぐためには、血糖値が高い状態が続かないような食生活を心がけることが大切です。白いお砂糖を含むお菓子、甘いドリンクなどを控えるのはもちろんですが、実は一番よくないのは、仕事の合間にお菓子をつまんだり、3時のおやつを食べたり、甘いものをつまむ習慣がある人です。

通常、健康な人でも空腹時に食事をとると血糖値が上がり、高血糖状態になります。すると、血中の糖を細胞に取り込む働きをするインスリンというホルモンが分泌され、徐々に上がった血糖値は正常に戻っていきます。ですが、間食でちょこちょこ甘いもの、それがたとえチョコレート一粒でも空腹時に食べると、その度に血糖値が上がってしまい高血糖状態になるため、糖化を促進し、ＡＧＥによる老化につながってしまうのです。

どうしても甘いものが食べたければ、食事のすぐ後にデザートとして食べるか、極端な話をすると、週に一回、ケーキバイキングで思う存分甘いものを食べたほうが体への負担は少ないのです。

そして、気をつけるべきは糖化によるＡＧＥだけではありません。**実はＡＧＥは食品にも含まれており、ＡＧＥを多く含んだ食品を食べると体内に蓄積されてしまいます。**ＡＧＥは加熱してこんがり焼けたキツネ色の部分に発生するので、焼いたお肉やお魚、唐揚げ、パンケーキや焼き菓子など「焼き目のついた食品はＡＧＥが多い」ということを覚えておくとわかりやすいです。

また、加熱する温度が高いほどＡＧＥはより多く発生するという特徴があるので、茹でるよりも、焼いたり揚げたりするほうがAGEが発生します。揚げものや炒めものばかりでなく、生で食べられるものや茹で野菜など、バランスよく食べることが大切です。

ただ、生で食べられるものでもフルーツは注意が必要です。私は一時期マスカットにはまり、夜に映画を見ながらお酒のおつまみとしてマスカットを食べていた時期がありました。フルーツは、ビタミン、ミネラル、食物繊維などが豊富なのでヘルシーだと思って安心して食べていたのですが、そんな生活を続けていたら体重が増加。フルーツで血糖値が急激に上がることはないのですが、果物に含まれる果糖も糖質なので夜に食べるのは太る原因になってしまいます。

特に最近では、糖度が高く甘みの強い果物や野菜が人気なので、生産者はなるべく糖度の高いものを作るようになりました。スーパーに行くと、フルーツだけでなく野菜まで糖度の表示がしてあるのを見かけます。普段食べているお米もそうです。お米も品質改良が進み、昔に比べて糖度が高くなっているので、要注意です。

05

Why Over-Exercising Prevents Weight Loss

季節のものを食べる大切さ

ハウス栽培や冷凍技術の進化で一年中味わえるものが増えましたが、やはり旬のものは栄養価が高く、美容面でうれしい栄養素がたっぷりつまっています。四季のある日本の旬の味を美味しくいただきながら、体を内側からキレイに。

The Benefits of Eating Locally and Seasonally

人の体は、意識をしていなくても様々なものを環境から取り入れています。食べものはもちろん、水、空気、光、熱、など。体と自分のいる環境とはバラバラではなく、密接な関係があり、環境に適応するためには、その土地で、その季節に自然にとれた食材を食べることが大切です。**旬の食材は栄養豊富なだけでなく、デトックス効果や抗酸化作用にも優れていますので、食べないと美容にはもったいないのです。**肌のバランスが崩れやすい季節の変わり目を乗り切るためにも旬の野菜を積極的にとること。日本には四季があり、季節ごとの食材があり、それを上手に食べることが体のバランスを整え、美と健康のためには効果的です。

最近では栽培技術の進化により、ほぼ一年中出荷される野菜が増えましたが、旬のものとそうでないものを比較すると栄養素に違いがあります。

たとえば、冬が旬のほうれん草は、太陽の光が弱く寒い環境の中で、じっくりと光合成を行うことで、糖度やビタミンを蓄えていきます。このような環境で育った冬採れのほうれん草は、夏採れのものと比べると約3倍ものビタミンCを含有しています。

基本的に冬の野菜は、冬の寒さに耐えられるよう、糖分が多く蓄積され、甘みがあります。冬の野菜は血行促進、体温保持効果が期待できるので、体が冷えやすい冬は、冬野菜のパワーで血行をよくし、体の中から温めて寒い冬を乗り切るのが体にとってはベストです。

夏は、強い日差しで体も酸化しやすいので、抗酸化作用の高い緑黄色野菜をとることがおすすめです。暑さや疲れ、水分不足などから起こりやすい熱中症予防のためには、水分を多く含むトマトやキュウリなどの野菜を積極的にとり、汗をかいて失われた水分の補給をすることが大切です。

美と健康のためにスーパーフードを積極的に摂取している方も多いですが、必ずしも体にいいとは言えません。

たとえば、スーパーフードの先駆けであり、もはや定番となっている「アサイー」。アサイーには食物繊維や鉄分、カルシウム、ポリフェノールなどが豊富に含まれているので体にいいことばかりなようですが、アサイーボールを食べすぎると、体を冷やしてしまいます。原産国はブラジルやアマゾン。暖かい国の食べものです。このアサイーのような体を冷やす食べものは、寒い時期に食べたりすると体調を崩したり、生理不順を招いてしまったり、かならずしも体にとってはいいことばかりではないので積極的に食べることはおすすめしません。

スーパーフードだからといって、地球の反対側の食材をわざわざ食べる必要はなく、身近なスーパーフードから栄養補給をするのが体にとっては一番です。旬の食材には、その季節に体が必要とする成分が豊富に含まれています。

おわりに

この度は本書を手に取っていただき、ありがとうございました。ダイエットのために運動をがんばっていたけれど、そもそも運動は好きじゃない方や、運動で痩せにくい身体になってしまった方など、様々なきっかけで本書を読んでくださったと思います。

私はモデルという職業柄、何年もダイエットを続けてきましたが、ダイエットをすることによって気づいた健康であることの大切さを本書にまとめました。食事制限をしたら体重は落ちますが、元の食生活に戻したらリバウンドしてしまったり、栄養バランスが乱れて肌が荒れてしまったり、運動をがんばっているのに脂肪がなかなか落ちなかったり。

私自身が数々の失敗をして気づいたことは、キレイに痩せるためには自分の体の声に耳を傾け、自分の体を大切にしてあげるということです。

私は、ダイエットは掃除と似ていると思います。こまめに掃除をしていれば、汚れは簡単に落ちるのですが、放っておくと汚れがこびりついてしまい、短時間ではキレイな状態に戻せません。私たちの体も同じです。むくみはシグナルというお話をしましたが、むくみは体が起こす一つの反応です。体がどんな反応を起こしているか敏感に感じとり、早めにケアしてあげることが大切です。

忙しくて時間がないときは、オフィスのデスクワーク中のちょっとした空き時間でもいいので、簡単なセルフマッサージで疲れている箇所をほぐしてあげてください。

体に触れて、自分の体をいたわり、愛してあげることは自分を大切にする時間です。

この本が皆様にとって「ただ痩せる」を卒業するきっかけとなり、内側から美しく健康になるきっかけになればそれ以上に嬉しいことはありません。

最後に、この本をお手にとってくださって最後まで読んでくれた皆様、撮影に携わって頂いたスタッフの皆さま、本に携わって頂いた全ての方々、私のサロンスタッフ、家族、友人、いつも影でサポートしてくれている吏沙とパディントン、感謝の気持ちでいっぱいです！ この本がさらに自分を愛するきっかけになり、あなたがより輝けますように。

Love, Naomi

〈読者特典〉

Anti-Aging Salon Aoyama
特別体験コース

筋肉をほぐし、筋肉の質を変え、
筋肉内の脂肪や巨大化した脂肪（セルライト）を排除し、
しなやかで健康的な体を作る施術と、
エステティシャンによるカウンセリングを
セットにした読者限定の特別体験コースが9000円OFF!

詳細・お申し込みはこちら

※お一人様１回限りとなります
※ご来店の際は、このページをご提示ください
※この特典は予告なく終了する場合があります

〈参考文献〉

『ダイエットマッサージ大全』小野晴康 著（光文社）
『美乳＆くびれカラダになりたい ミオドレダイエット』小野晴康 著（宝島社）
『1日3分！ミオドレ式 くぼみ押すだけダイエット』小野晴康 著（講談社）
『【図解】毛細血管が寿命をのばす』根来秀行 著（青春出版社）

〈著者略歴〉

鮎河ナオミ（あゆかわ・なおみ）

アメリカ・テキサス州で生まれ、5歳の時に日本に移住し、神奈川県で育つ。父親がアメリカ人、母親が日本人の日米ハーフ。小学校6年の時にスカウトされ、1996年、ティーン向けファッション誌「プチセブン」の専属モデルに。1997年にはユニチカ第10代目マスコットガールに選ばれる。「プチセブン」卒業後も、「CanCam」の専属モデルを務めるなど、数々の女性誌でモデルとして活躍している。20代のときに、初めて筋膜リリースの施術を体験し、以来実践し続けることで、筋トレなどの運動も厳しい食事制限もせずに、モデルとして活躍を続けている。2019年、Anti-Aging Salon Aoyamaをオープンし、自らが実践してきたメソッドを多くの美に興味のある女性に提供している。

〈STAFF〉

撮影	村山元一
撮影アシスタント	櫻井龍／加冶屋圭斗
スタイリスト	水嶋和恵（La Plage）
スタイリストアシスタント	鷺岡奏（La Plage）
ヘアメイク	渡辺了仁（Carillon）
スタジオ	SANAIZAKA503（APARTMENT STUDIO）
イラスト	南 夏希

〈衣装〉

カバー表：シャツ：セレナ（アパルトモン 青山店）／ショートパンツ：アンダーソン アンダーソン

P059：ブラトップ、ショートパンツ：インティミッシミ／カーディガン：ファルコネーリ（ともにH3O ファッションビュロー）

P062：トップス：リボルブ／デニム：スタイリスト私物

P105：ネックレス：ステラハリウッド／キャミワンピース：スタイリスト私物

P109：キャミソール：インティミッシミ／カーディガン：ファルコネーリ（ともにH3O ファッションビュロー）

〈STORES〉

アパルトモン 青山店（03-5778-4919）／アンダーソン アンダーソン（0120-655-817）／H3O ファッションビュロー（03-6712-6180）／ステラハリウッド（03-6805-0390）／リボルブ（www.revolveclothing.co.jp）

運動《うんどう》しないでキレイに痩《や》せる

2020年 7月11日 初版発行

発行 株式会社クロスメディア・パブリッシング

発行者 小早川 幸一郎

〒151-0051 東京都渋谷区千駄ヶ谷4-20-3 東栄神宮外苑ビル

http://www.cm-publishing.co.jp

■本の内容に関するお問い合わせ先 …………………… TEL (03)5413-3140／FAX (03)5413-3141

発売 株式会社インプレス

〒101-0051 東京都千代田区神田神保町一丁目105番地

■乱丁本・落丁本などのお問い合わせ先 ……………… TEL (03)6837-5016／FAX (03)6837-5023

service@impress.co.jp

(受付時間 10:00～12:00、13:00～17:00 土日・祝日を除く)

※古書店で購入されたものについてはお取り替えできません

■書店／販売店のご注文窓口

株式会社インプレス 受注センター ………………………… TEL (048)449-8040／FAX (048)449-8041

株式会社インプレス 出版営業部……………………………………………… TEL (03)6837-4635

ブックデザイン 金澤浩二 (cmD)

DTP 金澤浩二／荒好見 (cmD)

印刷・製本 株式会社シナノ

ISBN 978-4-295-40428-6 C0030